T0144055

essentials liefern aktuelles Wissen in konzentrierter Form. Die Essenz dessen, worauf es als „State-of-the-Art" in der gegenwärtigen Fachdiskussion oder in der Praxis ankommt. *essentials* informieren schnell, unkompliziert und verständlich

- als Einführung in ein aktuelles Thema aus Ihrem Fachgebiet
- als Einstieg in ein für Sie noch unbekanntes Themenfeld
- als Einblick, um zum Thema mitreden zu können

Die Bücher in elektronischer und gedruckter Form bringen das Expertenwissen von Springer-Fachautoren kompakt zur Darstellung. Sie sind besonders für die Nutzung als eBook auf Tablet-PCs, eBook-Readern und Smartphones geeignet. essentials: Wissensbausteine aus den Wirtschafts-, Sozial- und Geisteswissenschaften, aus Technik und Naturwissenschaften sowie aus Medizin, Psychologie und Gesundheitsberufen. Von renommierten Autoren aller Springer-Verlagsmarken.

Weitere Bände in der Reihe http://www.springer.com/series/13088

essentials

Barbara Kallweit

Ganzheitliche Markenpositionierung

Erfolgreiche Markensteuerung
durch richtige Positionierung
im Marketing-Mix

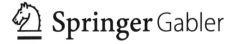

Springer Gabler

Barbara Kallweit
Hankensbüttel, Deutschland

ISSN 2197-6708   ISSN 2197-6716   (electronic)
essentials
ISBN 978-3-658-32509-1   ISBN 978-3-658-32510-7   (eBook)
https://doi.org/10.1007/978-3-658-32510-7

Die Deutsche Nationalbibliothek verzeichnet diese Publikation in der Deutschen Nationalbiblio-
grafie; detaillierte bibliografische Daten sind im Internet über http://dnb.d-nb.de abrufbar.

© Der/die Herausgeber bzw. der/die Autor(en), exklusiv lizenziert durch Springer Fachmedien
Wiesbaden GmbH, ein Teil von Springer Nature 2020
Das Werk einschließlich aller seiner Teile ist urheberrechtlich geschützt. Jede Verwertung,
die nicht ausdrücklich vom Urheberrechtsgesetz zugelassen ist, bedarf der vorherigen Zustim-
mung der Verlage. Das gilt insbesondere für Vervielfältigungen, Bearbeitungen, Übersetzungen,
Mikroverfilmungen und die Einspeicherung und Verarbeitung in elektronischen Systemen.
Die Wiedergabe von allgemein beschreibenden Bezeichnungen, Marken, Unternehmensnamen
etc. in diesem Werk bedeutet nicht, dass diese frei durch jedermann benutzt werden dürfen. Die
Berechtigung zur Benutzung unterliegt, auch ohne gesonderten Hinweis hierzu, den Regeln des
Markenrechts. Die Rechte des jeweiligen Zeicheninhabers sind zu beachten.
Der Verlag, die Autoren und die Herausgeber gehen davon aus, dass die Angaben und Informationen
in diesem Werk zum Zeitpunkt der Veröffentlichung vollständig und korrekt sind. Weder der Verlag,
noch die Autoren oder die Herausgeber übernehmen, ausdrücklich oder implizit, Gewähr für den
Inhalt des Werkes, etwaige Fehler oder Äußerungen. Der Verlag bleibt im Hinblick auf geografische Zuordnungen und Gebietsbezeichnungen in veröffentlichten Karten und Institutionsadressen
neutral.

Planung/Lektorat: Angela Meffert
Springer Gabler ist ein Imprint der eingetragenen Gesellschaft Springer Fachmedien Wiesbaden
GmbH und ist ein Teil von Springer Nature.
Die Anschrift der Gesellschaft ist: Abraham-Lincoln-Str. 46, 65189 Wiesbaden, Germany

Was Sie in diesem *essential* finden können

- Einen fundierten und gleichzeitig kompakten Überblick über die Bedeutung und die Entscheidungen der strategischen Markenpositionierung
- Eine Erklärung, wie die Positionierung als Zusammenspiel aus Unternehmensidentität, Wettbewerb und Kunden entsteht
- Eine Übersicht, wie die Positionierung prozessual abläuft und wie sie in den Kontext der Unternehmens- und Markenführung eingeordnet wird
- Eine Darstellung der wichtigsten Positionierungsmodelle und wie sie zur Ableitung von Positionierungsstrategien beitragen
- Die Diskussion der Elemente, die in den Dimensionen der „4P" zu einer ganzheitlichen Markenpositionierung führen

Vorwort

Liebe Leserinnen und Leser,

kennen Sie das Gefühl, das entsteht, wenn man in einem Puzzle das richtige Teil einsetzt, und plötzlich das ganze Bild erkennbar wird? Auf einmal passt alles zusammen, und alle anderen Teile können intuitiv eingeordnet werden. Ähnlich kann es sich anfühlen, wenn man die richtige Positionierung gefunden hat und plötzlich Klarheit gewinnt, wie das eigene Bild aussieht. Für mich ist dieser Moment einer der schönsten in der Arbeit mit meinen Kundinnen und Kunden. Wenn ich an ihrem Gesicht sehe, dass das Bild nun klar, dass ihre Positionierung rund ist. Einige sind überrascht, weshalb sie nicht selbst oder früher auf etwas im Nachhinein so Offensichtliches gekommen sind. Aber das ist das Geheimnis der Positionierung: Wenn sie stimmig ist, fühlt sie sich leicht und intuitiv an. Der Weg dahin ist jedoch oft versteckt oder mit Stolpersteinen gesäumt.

Ich freue mich, mein über die Jahre und in zahlreichen Projekten gesammeltes Wissen zu einem meiner persönlichen Herzensthemen in diesem essential an Sie weiterzugeben. Mein Ziel ist dabei nicht, das Rad neu zu erfinden, sondern Ihnen einen kompakten Überblick über die Themen zu geben, die in Theorie und Praxis gleichermaßen relevant sind. Gern setze ich dabei einige eigene Impulse, indem ich verschiedene Gedanken kombiniere oder so strukturiere, dass Sie in der Anwendung ein stimmiges Gesamtpaket ergeben.

Meine Leidenschaft für das Thema verdanke ich vor allem zwei Personen: Joachim Riedl, der meine Begeisterung für Marketing und Positionierung früh erkannt und immer gefördert hat. Danke! Du hast mir das Handwerkszeug für meine Reise durch die Marketing-Welt mit auf den Weg gegeben. Unseren ersten gemeinsamen Aufsatz über die Entwicklung von Positionierungsmodellen hast du Heymo Böhler gewidmet – dieses essential widme ich dir.

Gaby Pietralla, die die Produktpositionierung des Volkswagen Konzerns in meine Hände gelegt hat. Danke für deine Unterstützung, dein Vertrauen und für dieses wunderbare Projekt. Ich bin daran gewachsen – und stolz darauf, mit meinem Wissen und meiner Arbeit dazu beizutragen, die verschiedenen Markenidentitäten und Kundenanforderungen in unseren Autos auf die Straße zu bringen.

Ich hoffe, dass ich vielleicht die eine oder andere Person mit diesem essential inspirieren kann, sich näher mit der eigenen Positionierung zu beschäftigen – sei es fürs eigene Geschäft, das nächste Vorstellungsgespräch oder die Kommunikation in den sozialen Medien.

Dieses essential richtet sich ausdrücklich an eine Leserschaft jedes Geschlechts. Um dies zum Ausdruck zu bringen, habe ich – wenn möglich – eine geschlechterneutrale Formulierung gewählt oder ein Binnen-I verwendet. Durch die kundenzentrierte Ausrichtung des Themas bin ich jedoch an Grenzen gestoßen. Zugunsten eines besseren Leseflusses habe ich mich daher entschieden, die Begriffe „Kunden", „Konsumenten" und „Verbraucher" stellvertretend für die gesamte Zielgruppe zu verwenden. Selbstverständlich bleibt die Notwendigkeit, die vielseitigen Bedürfnisse verschiedener Geschlechter in der Markenführung zu berücksichtigen, bestehen (vgl. beispielsweise die Erläuterungen von Kreienkamp 2009).

Ich wünsche Ihnen viel Freude und viele spannende Erkenntnisse beim Lesen!

Barbara Kallweit

Inhaltsverzeichnis

Einleitung

1

Als „das erfolgreichste Marketing auf unserem Planeten" bezeichnet Peter Saw-tschenko (2012) in seinem gleichnamigen Buch die Positionierung. Auch andere Marketing-Experten sind sich einig: Die Positionierung gilt als wesentlicher Bestandteil, wenn nicht sogar **Ausgangspunkt einer erfolgreichen Markenstrategie.**

Es ist daher wenig verwunderlich, dass zahlreiche Fachbücher dem Thema gewidmet sind. Erst bei näherer Betrachtung stellt man fest, dass der Begriff der Positionierung sehr unterschiedlich verstanden wird und viele Definitionen Redundanzen und Ungenauigkeiten aufweisen (vgl. Arnott 1993). Viele UnternehmerInnen und Studierende fühlen sich durch die Vielzahl der in der Marketing-Literatur angebotenen Positionierungsmodelle, Werkzeuge und Visualisierungen schlichtweg überfordert.

Ziel dieses essentials ist es daher, Ihnen einen fundierten und gleichzeitig kompakten Überblick über die strategischen Entscheidungen rund um die Positionierung zu geben. Die Anwendungsfälle werden dafür in den Kontext der identitätsbasierten Markenführung eingeordnet und um Tipps zum erfolgreichen Einsatz in Unternehmen ergänzt. Der Fokus liegt hierbei auf einer grundsätzlichen Einordnung, sodass die abgebildeten Modelle einfach und schematisch visualisiert werden. Um bei Bedarf weiter in die Tiefe gehen zu können, enthalten die Kapitel an den entsprechenden Stellen weiterführende Literaturempfehlungen.

In Kap. 2 wird zunächst beschrieben, auf welchen Säulen eine Positionierung aufbaut und welche grundsätzlichen Entscheidungen getroffen werden müssen. Kap. 3 ordnet die Positionierung in die Unternehmensstrategie ein. Anhand der Schritte „Segmentierung – Targeting – Positionierung" wird erklärt, wie die Positionierung prozessual abläuft und welche Modelle und Positionierungsansätze sich daraus ergeben. Kap. 4 zeigt die Vielzahl der anfallenden Positionierungsentscheidungen in den Dimensionen der 4P – „Product, Price, Place, Promotion" – auf.

© Der/die Autor(en), exklusiv lizenziert durch Springer Fachmedien Wiesbaden GmbH, ein Teil von Springer Nature 2020
B. Kallweit, *Ganzheitliche Markenpositionierung*, essentials,
https://doi.org/10.1007/978-3-658-32510-7_1

Die Erkenntnisse werden abschließend in Kap. 5 in zehn praktischen Tipps zusammengefasst.

Insbesondere in kleinen und mittleren Betrieben werden die Vorteile eines klaren Markenmanagements oft unterschätzt. Untersuchungen und Fallstudien zeigen jedoch, dass konsequentes Markenmanagement in einem positiven Zusammenhang zur Unternehmensperformance von kleinen und mittleren Unternehmen steht (vgl. Berthon et al. 2008). Die Grundgedanken der Positionierung können daher auf vielseitige Anwendungsfälle übertragen werden. Wird in diesem essential von „Unternehmen" gesprochen, gelten die meisten Ideen also sowohl für große Konzerne als auch für Start-ups, kleine und mittlere Betriebe und sogar EinzelunternehmerInnen, die sich positionieren möchten.

Die Positionierung als Zusammenspiel zwischen Kundenorientierung, Wettbewerb und der eigenen Identität

2

Die Positionierung ist eine wesentliche Grundlage erfolgreicher Marken. In diesem Kapitel erfahren Sie, was die Positionierung einer starken Marke ausmacht und wie die drei Dimensionen „Kundenorientierung", „Wettbewerb" und „Markenidentität" dabei zu berücksichtigen sind.

2.1 Warum eine starke Marke wichtig ist – und welche Rolle die Positionierung dabei spielt

2.1.1 Die Bedeutung von Marken für den Erfolg eines Unternehmens

Die Wirkung starker Marken ist unter Marketing-ExpertInnen schon lange kein Geheimnis mehr. Auffällig ist, dass die Bedeutung von Marken mit zunehmender Online-Präsenz von Unternehmen, verbunden mit einer rapiden Weiterentwicklung des digitalen Marketings, sogar weiter zunimmt. Adidas-CMO Simon Peel offenbarte Ende 2019, dass insbesondere Brand-Marketing die Umsätze aller Verkaufskanäle steigere (vgl. Spary 2019). Die Gründe dafür werden im Fall von Adidas nicht näher erläutert – letztlich gelten die „alten" Gesetze der Markenführung und Konsumentenpsychologie aber auch hier:

Marken sorgen als **Anker in einer reizüberfluteten Welt** mit nahezu austauschbaren Produkten für **Orientierung,** schaffen durch einen konsistenten Auftritt **Vertrauen** und wirken so direkt auf die **Kaufentscheidung** ein (vgl. Raab et al. 2009, S. 12).

© Der/die Autor(en), exklusiv lizenziert durch Springer Fachmedien Wiesbaden GmbH, ein Teil von Springer Nature 2020
B. Kallweit, *Ganzheitliche Markenpositionierung*, essentials,
https://doi.org/10.1007/978-3-658-32510-7_2

Seit vielen Jahren nimmt die Zahl der Informationen und Stimuli, die auf Konsumenten einprasseln, ständig zu: Bereits 2006 gingen Scheier und Held (2006, S. 18) davon aus, dass der „Information Overload" täglich über 3000 Werbebotschaften umfasse – Tendenz steigend. Um ihre Überforderung durch die vielen Stimuli zu reduzieren, treffen Menschen ihre Entscheidungen zu einem großen Teil aus dem Unbewussten – dem sog. „System 1", das Nobelpreisträger Daniel Kahneman (2011, S. 20 ff.) als „Autopiloten" beschreibt. Dieser Autopilot steuert die Kaufentscheidung, wenn beispielsweise die Auswahl zu groß ist, Unterschiede zwischen Alternativen nicht klar erkennbar sind oder das Interesse gering ist (vgl. Scheier und Held 2012, S. 53). Durch ihre orientierungsgebende Funktion reduzieren Marken die Komplexität und damit die Überforderung von Konsumenten bei ihren Kaufentscheidungen. Sie wirken also vor allem implizit bzw. indirekt (weshalb ihre Bedeutung häufig unterschätzt wird). Um eine Rolle im „Autopiloten" zu erkämpfen, muss jedoch zunächst Vertrauen aufgebaut werden. Die Basis dafür: Eine klare Markengeschichte, verbunden mit einem echten Mehrwert für die Menschen.

2.1.2 Der Markenwert als Messgröße für starke Marken

Dafür, was eine starke Marke ausmacht – also ihren Wert („Brand Equity") bestimmt – gibt es verschiedene Erklärungsansätze: Die finanzorientierte Bewertung betrachtet den Markenwert als Verkaufspreis einer Marke und ermöglicht deren Bilanzierung (vgl. Simon und Sullivan 1993; Kerin und Sethuraman 1998). Weitere Ansätze bemessen den Wert einer Marke anhand des durch sie erzielten Preispremiums im Vergleich zu technisch gleichwertigen, nicht gebrandeten Produkten (vgl. Aaker 1992). Ein beliebtes Beispiel hierfür ist die Akzeptanz des Verkaufspreises eines Kaffees von Starbucks, der im Vergleich zum Preis des Kaffee eines unbekannten Herstellers deutlich höher ausfällt – einen Erklärungsansatz dafür finden Sie in Abschn. 4.3.1.

Sowohl die Herangehensweise des **Financial Market Outcomes** als auch der **Product-Market-Performance** bemessen den Wert einer Marke also vor allem monetär. Dem gegenüber steht der für die Positionierung und das strategische Marketing relevantere Gedanke der verhaltensorientierten Betrachtung: Der Ansatz der sog. **Customer-based Brand Equity** bezeichnet den Markenwert als den „differenzierenden Effekt von Markenwissen auf die Reaktion von Konsumenten auf das Marketing einer Marke" (vgl. Keller 1993; Übersetzung der Autorin). Messgrößen dafür sind unter anderem die Vertrautheit, die einzigartigen Assoziationen sowie das Markenwissen inklusive aller damit verbundenen Bilder,

Gefühle und Erfahrungen. Dieses Verständnis zeigt noch einmal, wie wichtig es ist, die **Marke als Ganzes** zu betrachten. Da Konsumenten in ihrer Wahrnehmung zwischen verschiedenen Aspekten unterscheiden, muss eine Marke ganzheitlich positioniert werden, und alle mit ihr verbundenen Elemente und Touchpoints müssen dieser Positionierung folgen.

▶ **Praxistipp** Die Messung der Markenstärke ist aufgrund der Erhebung von Assoziationen über offene Fragen eine komplexe und kostspielige Angelegenheit. Sehr große Unternehmen können auf etablierte und objektive Bewertungen von beispielsweise **Interbrand** und **Brand Z** zurückgreifen, die zudem sowohl finanzielle als auch konsumentenorientierte Aspekte vereinen. Ein Blick auf die angesetzten Kriterien lohnt sich jedoch auch für kleinere Unternehmen als Leitplanke für einen nachhaltigen Markenaufbau: Aspekte wie „Klarheit", „Differenzierung", „Relevanz" und „Konsistenz" fassen die Faktoren der Markenstärke übersichtlich zusammen (vgl. Interbrand Methodology 2020).

Eine detaillierte Übersicht der verschiedenen Markenbewertungsmodelle findet sich bei Bentele et al. (2009). Ein Vergleich der Herangehensweisen zeigt außerdem, dass zwischen der verhaltensorientierten Bewertung, der Realisierung höherer Preise und dem finanziellen Wert eines Unternehmens ein direkter Zusammenhang besteht (vgl. Keller und Lehmann 2006).

▶ **Entscheidend für den Kontext der Positionierung ist:** Starke Marken zeichnen sich durch Klarheit, Konsistenz sowie einzigartige und damit differenzierende Assoziationen bei den Verbrauchern aus – und schaffen so einen echten Mehrwert für Kunden und Unternehmen.

2.1.3 Die Rolle der Positionierung für eine starke Marke

Um eine starke Marke aufzubauen, müssen Unternehmen im Rahmen ihrer Markenführung eine Strategie entwickeln. Die Positionierung bildet dabei den „Kern der verhaltenswissenschaftlich orientierten Strategieformulierung" (Esch 2005, S. 133; angelehnt an Wind 1988, S. 4). Auch Keller (2005, S. 86) betrachtet die Positionierung als Ausgangspunkt des strategischen Marken-Management-Prozesses – und zeigt ihren Einfluss auf den Markenwert („Brand Equity") auf.

Austin McGhie bietet in seinem Buch *BRAND is a four letter word – Positioning and The Real Art of Marketing* einen inhaltlich ähnlichen, aber radikaler formulierten Gedanken an: Aufbauend auf der Aussage „there's no such thing as ‚branding'" (McGhie 2012, S. 13) erklärt er, dass eine Marke ausschließlich in den Köpfen der Menschen aufgebaut werden könne – und dass der Weg dorthin über die Positionierung führe.[1] Damit wird deutlich, dass die Kundenorientierung essenziell für eine erfolgreiche Positionierung ist. In Abschn. 2.2 wird dieser Aspekt daher detaillierter beleuchtet.

2.2 Die Entstehung des modernen Positionierungsverständnisses

Schon lange wird Marketing nicht mehr als reine Absatzförderung verstanden, die bestehende Produkte über Werbung in einen Markt hineindrückt. Die sorgfältige Analyse der Märkte und Nachfragerbedürfnisse stellt seit etwa den 1970er Jahren den Ausgangspunkt des heutigen Marketingverständnisses dar (vgl. Meffert et al. 2008, S. 8 f.). Dabei hat die Orientierung an den Bedürfnissen potenzieller Kunden durch die Digitalisierung und die neue Macht der Konsumenten noch einmal an Bedeutung gewonnen. Erfolgreich ist, wer mit seiner Marke einen Mehrwert für die Menschen schafft, den diese wahrnehmen können.

Das in Abschn. 2.1.3 beschriebene Verständnis von McGhie (2012) – eine Marke entstehe durch eine Positionierung in den Köpfen der Menschen – passt zur ursprünglichen Definition des Begriffs. Diese wurde 1969 von Al Ries und Jack Trout in ihrem Paper *Positioning is a game people play in today's me-too market place* (Ries und Trout 1969) geprägt und in einem richtungsweisenden Buch aufgegriffen. Eine der am häufigsten zitierten Definitionen von Positionierung lautet:

▶ **Positionierung** „Positionierung beginnt mit einem Produkt: einer Ware, einer Dienstleistung, einem Unternehmen, einer Institution oder einer Person. Möglicherweise mit Ihnen selbst. Aber Positionierung ist nicht das, was Sie mit einem

---

[1]In der Literatur existieren zahlreiche Definitionen des Begriffs „Branding" – u. a. als einfaches „Markieren von Produkten" (Esch und Langner 2005, S. 575), die scheinbar gegen McGhies Behauptung sprechen. Vergleicht man jedoch den Grundgedanken, dass ohne die Reaktion von Konsumenten keine (starke) Marke entstehen kann, ist die Argumentation nachvollziehbar und weniger widersprüchlich.

Produkt tun. Positionierung ist das, was Sie mit dem *Gedächtnis* eines bestehenden oder potenziellen Kunden tun. Das heißt, Sie positionieren das Produkt im Gedächtnis Ihres Kunden." (Ries und Trout 2012, S. 2)

In dem Buch behandeln die Autoren verschiedene Aspekte der Positionierung und erläutern anhand von Beispielen erfolgreiche Strategien und Misserfolge sowie deren Ursachen – immer vor dem Hintergrund der Annahme, dass die Wahrnehmung der Konsumenten über eine erfolgreiche Positionierung entscheidet. Entsprechend diesem Gedanken und ihrem beruflichen Hintergrund in der Werbebranche liegt der Schwerpunkt der betrachteten Beispiele bei Ries und Trout auf der in diesem essential als „kommunikative Positionierung" bezeichneten Interpretation, die in Abschn. 4.5 besprochen wird.

Ihr Ansatz wird heute als **instrumentell verkürztes Positionierungsverständnis** bezeichnet und umfasst, sehr vereinfacht gesagt, die Differenzierung vom Wettbewerb durch Werbung. Gleichzeitig bauen auch weitere Definitionen auf dem Verständnis auf, dass die Differenzierung immer in den Köpfen der Zielgruppe entstehe. Auch das **klassisch marktorientierte Positionierungsverständnis** (vgl. dazu die Idee von Porter (2006), die in Abschn. 2.4.2 beschrieben wird) ordnet die im Fokus der Betrachtung stehende Differenzierung zum Wettbewerb in den Wahrnehmungsraum der Nachfrager ein (vgl. Feddersen 2010, S. 20 f.).

Die zielgruppen- und wettbewerbsorientierte Sichtweise wird mit dem **modernen holistischen Positionierungsverständnis** um eine weitere Facette ergänzt: Um als Unternehmen langfristig profitabel zu agieren, werden heutzutage im Rahmen der Positionierung auch die unternehmensinternen Kompetenzen und Ressourcen sowie die eigene Identität berücksichtigt (vgl. dazu Abschn. 2.5). Tomczak et al. (2014) bezeichnen die auf Gewinn und/oder Wachstum zielende Positionierung als besonders erfolgversprechend, „wenn es gelingt, relevante Bedürfnisse bzw. Probleme von ausreichend großen (‚wirtschaftlich tragfähigen') Kundengruppen mit maßgeschneiderten, effizienten, auf solider Kompetenz gründenden Angeboten besser als irgendein anderer Anbieter nach Ansicht der Kunden nachhaltig zufrieden zu stellen bzw. zu lösen" (Tomczak et al. 2014, S. 154).

Um den kompakten Rahmen dieses essentials beizubehalten, werden an dieser Stelle nicht alle weiteren Definitionen des Positionierungsbegriffs aufgeführt – insbesondere, da diese kaum zusätzliche Erkenntnisse zu den genannten Ansätzen liefern. Eine umfassende Übersicht und Diskussion finden Sie, liebe LeserInnen, daher bei Feddersen (2010). Das im Folgenden zugrunde liegende Verständnis

von Markenpositionierung orientiert sich ebenfalls an der zusammenfassenden
Definition von Feddersen (2010, S. 29):

▶ **Positionierung** „Positionierung ist die Planung, Umsetzung, Kontrolle und
Weiterentwicklung einer an den Idealvorstellungen der Nachfrager ausgerichteten,
vom Wettbewerb differenzierten und von der eigenen Ressourcen- und Kompe-
tenzausstattung darstellbaren, markenidentitätskonformen Position im Wahrnehmungsraum relevanter Zielgruppen." (Feddersen 2010, S. 29)

Diese Definition zeichnet sich durch eine Verknüpfung der in den folgenden Abschnitten aufgezeigten Orientierung an der Zielgruppenwahrnehmung
(Abschn. 2.3), der Markt- und Wettbewerbsdifferenzierung (Abschn. 2.4) sowie
des Ansatzes der identitätsbasierten Markenführung (Abschn. 2.5) aus. Schmidt
(2015, S. 55) bringt die Anforderungen an eine Markenpositionierung mit
den Worten „Sie muss glaubwürdig, für Kunden relevant und gegenüber dem
Wettbewerb differenzierend sein" auf den Punkt.

Abb. 2.1 fasst die die Entwicklung des heutigen Positionierungsverständnisses
als Dreiklang zwischen Zielgruppenorientierung, Differenzierung vom Wettbewerb und der Identität des eigenen Unternehmens zusammen. Die im klassischen
Positionierungsverständnis als „Marktorientierung" bezeichnete Facette wird hier
zur Vereinfachung in die Themen Kunde und Wettbewerb integriert.

2.3   Der Kunde im Zentrum des modernen Positionierungsverständnisses

Während die Kundenorientierung bereits in den frühen Definitionen der Positionierung vertreten ist, rückte die Ausrichtung der allgemeinen Unternehmensführung an den Wünschen der Zielgruppe erst in den 1990er Jahren in den Fokus.
Eine mögliche Erklärung dafür ist, dass durch die sog. „Hybridisierung des Kon-
sumentenverhaltens" – die zunehmende Heterogenität der Kundenwünsche – eine
immer individuellere Bedürfnisbefriedigung erforderlich war, um Abwanderun-
gen zum Wettbewerb zu verhindern. Bis dato war eine Differenzierung zum
Wettbewerb in vielen Fällen ausreichend (vgl. Gregori 2006, S. 3).

Heute ist die Orientierung an den Bedürfnissen der Zielgruppe nicht mehr
aus der Unternehmensführung wegzudenken. Der **Wandel vom „Push-" zum
„Pull-Marketing"** wird aktuell um zahlreiche Erkenntnisse des Neuromarketings
ergänzt und wird vor allem bei einem Blick auf die rapide gestiegene Bedeutung
von Content Marketing deutlich.

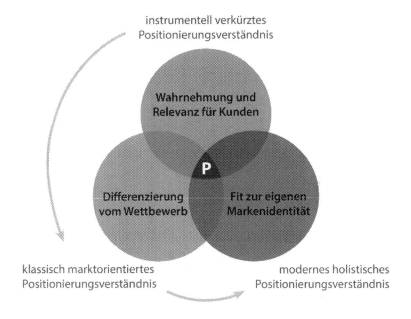

instrumentell verkürztes
Positionierungsverständnis

Wahrnehmung und
Relevanz für Kunden

P

Differenzierung
vom Wettbewerb

Fit zur eigenen
Markenidentität

klassisch marktorientiertes
Positionierungsverständnis

modernes holistisches
Positionierungsverständnis

P = ganzheitliche Markenpositionierung

Abb. 2.1 Das moderne Positionierungsverständnis

Die zentrale Erkenntnis für die erfolgreiche Positionierung von Marken ist dabei alles andere als neu: Der englischsprachige Titel des Bestsellers von Ries und Trout, *Positioning – The Battle for Your Mind,* spiegelt den Kerngedanken ihrer Auffassung dabei noch präziser wider als die deutschsprachige Ausgabe. Er macht deutlich, dass Unternehmen ständig damit konfrontiert sind, um einen der vorderen Plätze in den Köpfen der Menschen zu kämpfen (vgl. Ries und Trout 2012, S. 27 f.). Entscheidend ist also nicht das tatsächlich vorhandene Produkt oder Angebot, sondern die **subjektive Wahrnehmung** der Kunden, die aus unterschiedlichen Nutzenebenen bestehen kann.

2.3.1 Die Unterteilung des Kundennutzens in rationale und emotionale Anteile

Die Definitionen der Positionierung zeigen, dass nicht ausschließlich das tatsächlich vorhandene Produkt oder Angebot zählt, sondern der von den Konsumenten wahrgenommene Nutzen. Esch (2005, S. 133) fasst zusammen: „Maßstab für die erfolgreiche Umsetzung eines Positionierungskonzeptes ist die subjektive Wahrnehmung der Konsumenten". Ein **Markennutzenversprechen** „repräsentiert diejenigen kaufverhaltensrelevanten Nutzen, welche gegenüber den externen Zielgruppen von der Marke erbracht werden sollen" (Burmann et al. 2015, S. 14). Die Differenzierung vom Wettbewerb und der Fit zur Markenidentität müssen dabei gewährleistet sein. Durch dieses Verständnis kann das Nutzenversprechen daher im Wesentlichen mit der Markenpositionierung gleichgesetzt werden (vgl. Schmidt 2015, S. 55).

Bereits Ende der 1980er Jahre erkannte Rothschild (1987, S. 156): „Anbieter neigen dazu, in Produkteigenschaften zu denken, aber die **Konsumenten kaufen keine Produkteigenschaften, sondern subjektiven Produktnutzen.**" Dennoch wird diese Konsumentensicht in der Praxis oft unterschätzt, obwohl zahlreiche Beispiele die Relevanz belegen: Selbst wenn ein Füllfederhalter der Marke Pelikan nachweislich eine bessere Qualität aufweise als ein Montblanc-Füller, werde die Wertigkeit der Marke Montblanc subjektiv höher eingeschätzt (vgl. Esch 2005, S. 133). Auch der Flop des Volkswagen Phaeton trotz wettbewerbsgerechter Produkteigenschaften kann unter anderem auf den fehlenden emotionalen Zusatznutzen durch die als unpassend wahrgenommene Marke zurückgeführt werden (vgl. Diez 2015, S. 62 f.).

Erklärt wird dieses scheinbar „unvernünftige" Verhalten von Verbrauchern von der Hirnforschung mit unserem **Belohnungssystem, das bei der Entscheidung für eine Marke aktiv wird.** Die implizite Belohnung einer Marke entsteht dabei ausdrücklich nicht ausschließlich über die reine Emotionalisierung, sondern benötigt eine klare Verbindung zum Nutzen für die Zielgruppe. Dieser ist häufig abhängig von unserer kulturellen Prägung, unseren Werten und Normen (vgl. Scheier und Held 2012, S. 145 ff.).

In der Literatur wird der Nutzen, den eine Marke für ihre Kunden stiftet, in verschiedene Kategorien unterteilt. Meffert et al. (2008, S. 366 f.) unterscheiden beispielsweise zwischen der **funktionalen** (funktional-utilitaristisch, ökonomisch), **sozialen** (extrinsisch) und **persönlichen** (sinnlich-ästhetisch und hedonistisch/intrinsisch) **Nutzenebene.** In der Konsumentenpsychologie wird von einem **Gebrauchswert** und dem **Zusatznutzen** (z. B. Prestige) oder **Erlebniswert** gesprochen (vgl. Felser 2015, S. 12 f.). Unabhängig von der genauen Bezeichnung lässt sich zusammenfassen:

▷   Marken oder Produkte stiften einen **funktionalen Grundnutzen** und einen **symbolischen bzw. emotionalen Zusatznutzen,** der bei einer erfolgreichen Positionierung für die Konsumenten wahrnehmbar und relevant ist.

So finden sich auch in den Assoziationen der Kunden zu starken Marken funktionale Vorteile und Qualitätsmerkmale ebenso wie selbstdarstellende, emotionale Nutzenargumente (vgl. Aaker et al. 2015, S. 24). Über das Nutzenversprechen ist es für Unternehmen also möglich, eine einzigartige Position in den Köpfen der Konsumenten aufzubauen und eine langfristige Differenzierung vom Wettbewerb zu erreichen.

2.3.2   Gehirngerechte Positionierung

Die Betrachtung der verschiedenen Nutzenebenen im letzten Abschnitt zeigt, dass das Angebot zweier Marken objektiv gleich sein kann, sich diese jedoch über ihren Zusatznutzen aus Sicht der Konsumenten differenzieren. Im gern zitierten Blindtest von Coca-Cola und Pepsi änderten sich die Präferenzen der Probanden für die Produkte sogar durch die Kenntnis der Marke (vgl. Schmidt 2015, S. 95).[2] Durch den mit der Marke verbundenen Zusatznutzen wird also ein anderes Produkterleben erzeugt (vgl. Felser 2015, S. 13).

Für die Erklärung der hohen Bedeutung der Emotionen für den Aufbau einer starken Marke liefert das Neuromarketing zahlreiche Ansätze, sodass eine „gehirngerechte" und psychologisch optimierte Positionierung** in den letzten Jahren verstärkt in den Fokus gerückt ist. Auf der Suche nach Positionierungsmodellen stoßen MarkenstrategInnen und KommunikationsexpertInnen schnell auf die sog. **Limbic® Map** von Häusel (2019, S. 103). Die drei Achsen Balance, Dominanz und Stimulanz wurden dabei entsprechend den drei menschlichen

---

[2]Obwohl die Objektivität des Verfahrens beim „Pepsi-Test" infrage gestellt wurde (vgl. Hars 2009, S. 92 ff.), bleibt die Kernaussage bestehen. Die Wirkung der Marke wird daher in Abschn. 4.1 näher beleuchtet.

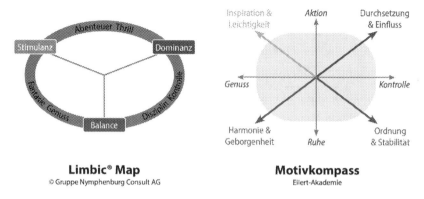

Limbic® Map
© Gruppe Nymphenburg Consult AG

Motivkompass
Eilert-Akademie

Abb. 2.2 Gehirngerechte Positionierung in Motivsystemen. (Quelle: in Anlehnung an Häusel 2009, S. 30; Eilert 2016, S. 62)

Emotionssystemen entwickelt. Diese Steuermechanismen sind im limbischen System verankert, das so zum Zentrum der unbewussten Steuerung des menschlichen Verhaltens wird (vgl. Häusel 2019, S. 22 f.).

Das limbische System ist für Marken besonders relevant, da es nicht nur unsere Aufmerksamkeit beeinflusst, sondern auch alle Informationen – dazu zählen auch die Werbebotschaften – hinsichtlich ihres Beitrags für unsere Emotionssysteme bewertet. Eine Botschaft gelangt erst in unser Langzeitgedächtnis, wenn sie anhand der folgenden Fragen vom limbischen System positiv beurteilt wird (vgl. Häusel 2019, S. 167):

- Trägst du zu meiner **Sicherheit/Ruhe/Stabilität** bei, hast du einen Sinn? (Balance)
- Hilfst du mir, damit ich **mächtiger und stärker** werde als die anderen? (Dominanz)
- Bietest oder versprichst du mir **neue lustvolle Reize und Erlebnisse?** (Stimulanz)

Die Limbic® Map kann für die Positionierung von Marken genutzt werden, um diese in den menschlichen Emotionsraum einzuordnen. Starke Marken haben dabei eine klare Position und verglichen mit anderen Anbietern ein individuelles limbisches Profil (vgl. Häusel 2019, S. 170 f.). Wichtig ist, dass bei der Positionierung auch die Persönlichkeit der Zielgruppe berücksichtigt wird.

▷   **Praxistipp** In der Praxis existieren weitere Darstellungen des menschlichen Motivsystems. Eine Alternative zur Limbic® Map liefert beispielsweise Eilert (2016) mit dem Motivkompass, der die menschlichen Bedürfnisse und Werte den Achsen „Inspiration und Leichtigkeit", „Durchsetzung und Einfluss", „Harmonie und Geborgenheit" sowie „Ordnung und Stabilität" zuordnet. Beide Modelle sind in Abb. 2.2 skizziert.

2.4   Die Bedeutung der Einzigartigkeit und der Differenzierung vom Wettbewerb für einen erfolgreichen Markenaufbau

„When everybody zigs, zag", schreibt Markenexperte Marty Neumeier (2007, S. 26) in seinem gleichnamigen Buch *ZAG*. Damit beschreibt er die Notwendigkeit, sich vom Wettbewerb abzuheben, um herausragende Marken aufzubauen. Die Differenzierung vom Wettbewerb stellt eine zentrale Komponente für eine erfolgreiche Positionierung dar.

2.4.1   Differenzierung über USPs

Neben dem Positionierungsbegriff wurde in den frühen 1960er Jahren ein weiterer zentraler Begriff geboren: In *Reality in Advertising* prägte der Werbefachmann Rosser Reeves den Begriff der **Unique Selling Proposition** – kurz: USP – als **einzigartiges Verkaufsversprechen,** das jeder starken Marke und jedem erfolgreichen Produkt zugrunde liegt (vgl. Großklaus 2015, S. 1).

Die Verwendung des Begriffs hat sich bis heute durchgesetzt, wird jedoch nicht immer einheitlich verwendet bzw. hat sich weiterentwickelt. Während Reeves als Gründer der Werbeagentur Ted Bates sich vor allem auf die Differenzierung über Kommunikation bezog, gehen modernere AutorInnen davon aus, dass Werbung bzw. Kommunikation des Werteversprechens (Value Proposition) für die Erreichung einer einzigartigen Wahrnehmung nicht mehr ausreichend ist. Entsprechend der Trennung zwischen rationalem und emotionalem Nutzen unterscheiden einige AutorInnen daher die Begriffe **USP** und **UAP.**

▷ USP Ein **USP = Unique Selling Proposition** bezeichnet das Alleinstellungsmerkmal im Hinblick auf den objektiven, tatsächlich vorhandenen Nutzen. Er kann z. B. über einzigartige Produkteigenschaften realisiert werden.

▷ UAP Ein **UAP = Unique Advertising Proposition** steht für ein einzigartiges Nutzenversprechen auf der emotionalen Ebene. In der Kommunikation wird der subjektive, psychologische Nutzen für die Konsumenten herausgestellt, der einen Mehrwert gegenüber der Konkurrenz bietet (vgl. Großklaus 2015, S. 124).

In seinem Buch setzt sich Reeves (2017, S. 46) mit der Frage auseinander, wie stark eine Differenzierung sein muss – „how different is different?" Um als einzigartig wahrgenommen zu werden und dadurch einen der vorderen Plätze im Gedächtnis der Kunden einzunehmen, ist es nämlich nicht notwendig, stets etwas völlig Neues zu erfinden – ein Vorhaben, das in der heutigen Zeit quasi unmöglich wäre. Stattdessen ist es für Marken **sinnvoll, an den bereits im Gedächtnis der Konsumenten gespeicherten Informationen anzudocken** und sich ausgehend von dieser Position sinnvoll abzugrenzen. Häufig wird dies in der Werbung über Vergleiche statt über eine reine Nennung von Superlativen erzielt (vgl. Ries und Trout 2012, S. 3 und 5).

Auch hinsichtlich der **Produkteigenschaften** ist es für Marken legitim, sich nicht vollständig vom Wettbewerb zu unterscheiden: Um in einer bestimmten Produktkategorie erfolgreich zu sein, werden von den Kunden oft bestimmte Anforderungen an die gesamte Kategorie gestellt. Diese muss ein Unternehmen erfüllen, um mit seinem Angebot als seriös und glaubwürdig akzeptiert zu werden. Die Eigenschaften, die eine Marke in der sog. **Brand Knowledge** – also den Assoziationen, die entscheidend für die Markenstärke sind – mit anderen Marken teilt, werden als **Points of Parity** bezeichnet, während die mit den USPs vergleichbaren einzigartigen Gedankenverknüpfungen auch als **Points of Difference** bekannt sind (vgl. Keller 2005, S. 87 f.).

2.4.2 Die Rolle des Wettbewerbs

In Abschn. 2.4.1 wurde aufgezeigt, dass eine Differenzierung immer im Vergleich zu bestehenden Produkten oder Wettbewerbern geschieht. Zusammen mit der Nachfrager- bzw. Zielgruppenorientierung bildet der Bezug zum Wettbewerb das

Konzept des sog. **Market Based Views** – eines Management-Ansatzes, in dem die Unternehmensstrategie durch eine **Outside-in-Perspektive** von der Markt-situation abgeleitet wird. Um diese Marktorientierung erfolgreich zu erreichen, wird eine dem Wettbewerb überlegene Position benötigt (vgl. Feddersen 2010, S. 20 f.).

Das wettbewerbsorientierte Verständnis wurde insbesondere durch **Michael Porter** geprägt, der Positionierung als nachhaltige Differenzierung vom Wettbe-werb versteht: „Strategic positioning attempts to achieve sustainable competitive advantage by preserving what is distinctive about a company. It means perfor-ming different activities from rivals, or performing similar activities in different ways." (Porter 2006, S. 7). Die wesentlichen Erkenntnisse aus der Arbeit Por-ters für die Positionierung sollen an dieser Stelle kurz beschrieben werden. Für eine umfassende Diskussion können interessierte LeserInnen auf die gängigen Standardwerke zurückgreifen.

Die Ableitung einer Positionierungsstrategie aus Sicht Porters geht ins-besondere auf die Analyse der sog. **Five Forces** zurück, anhand derer die **Branchenattraktivität** beurteilt wird: Als zentrale Triebkraft wird die Riva-lität unter bestehenden Wettbewerbern benannt. Diese wird ergänzt um die Verhandlungsstärke der Konsumenten, die Bedrohung durch neue Anbieter, die Verhandlungsstärke der Lieferanten sowie das Risiko, dass die eigenen Produkte oder Services durch Alternativen substituiert werden (vgl. Porter 2008, S. 80).

Interessant ist der Gedanke von Porter, dass ein **echter Wettbewerbsvorteil** nur entsteht, wenn der Wert, den ein Unternehmen für seine Abnehmer schaffen kann, die Kosten der Wertschöpfung für das Unternehmen übersteigt. Die Preisbe-reitschaft der Konsumenten und die Möglichkeit des Unternehmens, sein Angebot kostenbewusst umzusetzen, spielen also eine zentrale Rolle für die Frage, ob die Differenzierung über einen USP einen echten Wettbewerbsvorteil darstellt (vgl. Porter 2014, S. 23).

Die aus dem marktorientierten Verständnis und der Analyse der Five Forces resultierenden Positionierungskonzepte zeichnen sich häufig durch eine hohe Ori-entierung am Nutzen der Produkte bzw. Leistungen aus (vgl. Feddersen 2010, S. 21). Zusammen mit weiteren Positionierungsstrategien werden sie als sog. **Wettbewerbsstrategien** in Abschn. 3.4 aufgezeigt.

2.5 Die Integration der Markenidentität als ressourcenorientierter Ansatz zur Positionierung

Ein häufiger Grund für Unternehmen, sich bei ihrer Angebotsgestaltung für die Realisierung von Points of Parity – also Eigenschaften, die mit anderen geteilt werden – zu entscheiden, ist das Ziel, dem Wettbewerb ein bestehendes Alleinstellungsmerkmal zu nehmen. Umso wichtiger ist daher die markenspezifische DNA oder Identität (vgl. Keller 2005, S. 88).

Während in den ersten Definitionen der Positionierung die Markenidentität keine Rolle spielte, ist diese gerade vor dem Hintergrund der immer austauschbareren Produkte und Leistungen mittlerweile wichtiger denn je. Da durch die ausschließliche Marktorientierung des Market Based Views unternehmensinterne Erfolgsfaktoren ausgeblendet werden, hat sich im strategischen Management daher ergänzend die Denkweise des sog. **Resource Based Views** etabliert. Diese argumentiert, dass der Unternehmenserfolg durch einzigartige unternehmensspezifische Fähigkeiten und Ressourcen bestimmt wird (vgl. Radtke 2014, S. 5).

Für eine langfristig erfolgreiche Positionierung sind die **Inside-out-Perspektive** des Resource Based Views und damit auch die Markenidentität essenziell: Um – gerade in Zeiten der digitalen Transparenz, in der Kundenbewertungen wichtiger denn je sind – bei den Kunden als glaubwürdig wahrgenommen zu werden, darf ein Alleinstellungsmerkmal nicht ausschließlich über leere Kommunikation etabliert werden, sondern muss von der Marke geleistet werden können, um Vertrauen und Orientierung bei den Konsumenten aufzubauen („unless you can't be it, don't say it", McGhie 2012, S. 17).

Eine vollständige Betrachtung der identitätsbasierten Markenführung übersteigt den Rahmen dieses essentials. Durch ihre hohe Bedeutung für die Positionierung sollen in Abschn. 2.5.1 dennoch kurz die Grundgedanken sowie deren Verbindung zur Positionierung skizziert werden. Abschn. 2.5.2 gibt einen schnellen Überblick über die Darstellung der Markenidentität, z. B. in Unternehmensleitbildern.

2.5.1 Grundgedanken der identitätsbasierten Markenführung

In der identitätsbasierten Markenführung wird eine Marke als „ein Bündel aus funktionalen und nicht-funktionalen Nutzen, deren Ausgestaltung sich aus Sicht der Zielgruppen einer Marke nachhaltig gegenüber konkurrierenden Angeboten differenziert", definiert (Burmann et al. 2015, S. 29). Die Überschneidung mit dem Positionierungsbegriff wird damit deutlich.

▶ Die **Markenidentität** beschreibt das **Selbstbild** eines Unternehmens. Erst wenn das damit verbundene Nutzenversprechen von der Zielgruppe erlebt und wahrgenommen wird, entsteht – quasi als Reaktion auf die Markenführungsaktivitäten – das **Markenimage**. Dieses **Fremdbild** beschreibt ein in der Psyche der Kunden fest verankertes Vorstellungsbild der Marke (vgl. Burmann et al. 2015, S. 29 f.).

Die **Positionierung dient dabei als Schnittstelle zwischen dem Selbst- und Fremdbild eines Unternehmens:** Das Image in den Köpfen der Zielgruppe wird durch eine klare Konzeption und konsequente Umsetzung der Marketing-Maßnahmen an allen Touchpoints geformt. Passen Maßnahmen und Identität nicht zusammen, wird von einem fehlenden Marken-Fit gesprochen. Die **Markenidentität** stellt also die **Zielvorgabe für die Positionierung** dar (vgl. Esch et al. 2005, S. 107). Sie setzt sich aus verschiedenen Komponenten zusammen (vgl. Burmann et al. 2015, S. 43):

- **Vision:** Wohin wollen wir?
- **Persönlichkeit:** Wie kommunizieren wir?
- **Werte:** Woran glauben wir?
- **Kompetenzen:** Was können wir?
- **Herkunft:** Woher kommen wir?

Der Zusammenhang zwischen der Identität einer Marke, deren Image und der Positionierung ist in Abb. 2.3 zusammengefasst. Um die Marktorientierung nicht außer Acht zu lassen, ist ebenfalls dargestellt, dass die eigene Positionierung durch den Wettbewerb beeinflusst wird.

2.5.2 Überschneidungen und Abgrenzung von Leitbildern und Positionierung

Die Positionierung einer Marke wird, wie beschrieben, maßgeblich durch die Markenidentität beeinflusst. Gleichzeitig kann sie jedoch auch als Beitrag zu einer klareren Markenidentität verstanden werden und diese weiterentwickeln.

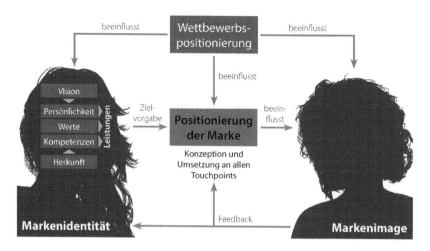

Abb. 2.3 Der Zusammenhang zwischen Markenidentität, Markenimage und Positionierung. (Quelle: eigene Darstellung in Anlehnung an Burmann et al. 2015, S. 43; Esch et al. 2005, S. 107)

Ähnlich dem Ansatz des **Purpose-Driven Marketing** wird angenommen, dass eine Positionierung die Kunden erst begeistern kann, wenn auch die hinter dem Produkt stehende Organisation – explizit nicht nur das Marketing, sondern beispielsweise auch die Produktentwickelung – durch sie inspiriert und geleitet wird. McGhie (2012, S. 18) formuliert den Gedanken: „A true position is an asset that drives internal behavior throughout the organization. […] It gives the organization a sense of purpose and direction – and then, by extension, transmits that same sense of purpose to your audience."

In der Literatur, aber auch in der Praxis verschwimmen die Grenzen zwischen Leitbildern und Positionierung regelmäßig. Eine klare Positionierung dient in vielen Fällen als Basis des Leitbilds, das den Sinn, den Zweck und die Ziele des Unternehmens für alle MitarbeiterInnen zugänglich macht und das Handeln und Verhalten innerhalb einer Organisation beeinflusst (vgl. Ulbrich und Leuz 2020, S. 32). Da Leitbildelemente wie die Vision und Werte eines Unternehmens jedoch auch der Markenidentität als Eingangsgröße der Positionierung zugeschrieben werden, bleibt die Frage, was zuerst vorhanden ist, offen.

Ziel dieses essentials ist nicht, eine abschließende Antwort zu finden, sondern vielmehr den Impuls zu geben, die Positionierung und Markenführung ganzheitlich zu betrachten. Begriffe, die sowohl bei der Entwicklung einer Positionierung sowie eines Leitbilds in Erscheinung treten, sind:

Vision, Mission, Werte
Der Dreiklang aus Vision, Mission und Werten stellt oft die Grundlage von Leitbildern, aber auch der Strategieentwicklung dar. Die **Vision** kann dabei als „Fixstern" verstanden werden, der den Ausgangspunkt der Zielformulierung bildet: Wohin wollen wir in der Zukunft? Anders als ein Ziel, das eine möglichst konkrete Handlung erzeugen soll (vgl. die Formulierung nach dem SMART-Prinzip), ist eine Vision jedoch eher **bildhaft und emotional formuliert**. Um ihre begeisternde und inspirierende Funktion einnehmen zu können, sollte eine Vision auf einem wichtigen, besonderen Beitrag für andere (z. B. dem Gemeinwohl) aufbauen (vgl. Weissmann et al. 2014, S. 16 f.).

In der **Mission** wird dieser Beitrag als Zweck des Unternehmens erklärt, oft verbunden mit einem Bezug zum Kerngeschäft und der Aufgabe, die für die Kunden erledigt wird. In den **Werten** werden schließlich die „Spielregeln" des Handelns dargestellt; sie bestimmen, wie ein Unternehmen mit seinem Umfeld umgeht (vgl. Werther 2020, S. 13 ff.).

Das Unternehmensleitbild – bestehend aus Vision, Mission und Werten – gibt nicht nur **Orientierung** für das tägliche Handeln, sondern kann zu einer **signifikanten Differenzierung von der Konkurrenz** führen: Anders als die Entwicklung technisch gleichwertiger Produkte lässt sich der intrinsisch motivierte Sinn einer Organisation nicht einfach kopieren, sodass langfristige Wettbewerbsvorteile (z. B. über motivierte Fachkräfte, aber auch gelebte Innovationskultur) entstehen können (vgl. Venter 2020, S. 49). Wichtig ist dabei, dass bei der Formulierung auf unspezifische Eigenschaften wie „Qualität", „innovativ" o. Ä. verzichtet wird: Erst mit prägnanten und inhaltsstarken Begriffen (z. B. „aufrichtig", „Urvertrauen" oder „aufstiegshungrig") kann über den Markenkern eine echte Differenzierung ausgedrückt werden (vgl. Feige 2007, S. 169).

Why – How – What
Eng verbunden mit der Mission eines Unternehmens ist der von Simon Sinek entwickelte Golden Circle: Die Mission – oder das **Warum** – eines Unternehmens stellt dabei den Kern des Kreises dar, der nach dem Schema „*(mein Beitrag)*, damit *(Wirkung)*" aufgebaut ist (vgl. Sinek et al. 2019, S. 122). Das Warum beschreibt den Sinn einer Organisation oder den Grund ihrer Existenz – und ist

durch seine spezifische Formulierung klar auf den Nutzen für andere ausgerichtet. Mit dem **Wie** wird häufig eine Form der Differenzierung oder ein individuelles Nutzenversprechen beschrieben. Sinek (2011, S. 39) nennt das Wie in Verbindung mit einer Unique Selling Proposition, da es für die Beschreibung genutzt werden kann, wodurch etwas anders oder besser ist. Im äußeren Bereich des Golden Circle steht mit dem **Was** schließlich erst die eigentliche Leistung.

Die Einteilung in die englischen Begriffe „Why – How – What" wird in der Praxis häufig genutzt, um die Entwicklung von Mission und Vision zu unterstützen, indem die Motivation und Inspiration einer Organisation von innen heraus beschrieben werden (vgl. Ulbrich und Leuz 2020, S. 55).

Archetypen

Die Theorie der Archetypen geht auf den Psychiater Carl Gustav Jung (1875–1961) zurück. Die Archetypen stellen dabei an Emotionen geknüpfte Urbilder dar, die aus dem **„kollektiven Unbewussten"** entstehen – dem Teil der menschlichen Psyche, der laut Jung aus Erfahrungen und Erinnerungen vergangener Generationen besteht und nicht sichtbar oder bewusst zugänglich ist (vgl. Pätzmann und Hartwig 2018, S. 1).

Die Anwendung für die Markenführung wurde 2001 von Margaret Mark und Carol Pearson zum ersten Mal beschrieben. Die sog. **archetypische Markenpositionierung** entsteht dabei aus der „Seele" einer Marke, der Markensubstanz sowie der Analyse von Wettbewerb und Kunden (vgl. Mark und Pearson 2001, S. 266). Die archetypische Positionierung wird vor allem in der Kommunikation, speziell im **Storytelling** von Marken verwendet, um die im kollektiven Unbewussten der Konsumenten verankerten Emotionen zu wecken und mit der eigenen Persönlichkeit bzw. Identität zu verbinden (vgl. Pätzmann und Busch 2019).

Eine Übersicht über die Entwicklung der verschiedenen Archetypen sowie deren Anwendung in der Markenführung finden interessierte LeserInnen beispielsweise bei Pätzmann und Hartwig (2018).

2.6   Die Darstellung der Markenidentität als Basis der Positionierung

Abschn. 2.5 macht deutlich, dass die Begriffe Positionierung, Markenidentität und Leitbild sich in der Praxis nicht vollständig abgrenzen lassen, da sie ineinandergreifen und nur im Zusammenspiel funktionieren. Vielleicht ist es der hohen Vernetzung und der Komplexität der Einflussfaktoren geschuldet, dass es nicht „die eine" Darstellung einer Positionierung gibt, sondern diese – je nach Anwendungszweck – über eine Kennzeichnung der Zielgruppe in den Modellen der Kundensegmentierung (Abschn. 3.2.1), die Abbildung in einem klassischen Positionierungsmodell (Abschn. 3.3) oder die Zusammenfassung in einem Positionierungsstatement (vgl. Schmidt 2015, S. 57) beschrieben wird. Ergänzend dazu werden häufig die aus der Markenführung bekannten **Darstellungen der Markenidentität** zur Beschreibung der Positionierung verwendet. Mit Elementen wie dem Nutzen für die Kunden oder den Eigenschaften und Werten eines Unternehmens ist die Schnittmenge zur Positionierung verhältnismäßig hoch. Dieser Abschnitt bietet daher eine kurze Zusammenfassung drei gängiger Modelle, die in Abb. 2.4 schematisch dargestellt sind.

Das Markenmodell nach Aaker und Joachimsthaler
Das von Aaker und Joachimsthaler entwickelte Markenmodell (auch bekannt als Brand-Leadership-Modell) gilt als Ausgangspunkt vieler weiterer Identitätsmodelle. Die Markenidentität wird dabei in einem gestapelten Venn-Diagramm mit drei Ebenen dargestellt (vgl. Schmidt 2015, S. 46 f.):

- Der **Markenkern** oder die **Markenessenz** beschreibt den zentralen Gedanken, der „die Seele der Marke" widerspiegelt. Der Kern sollte auch langfristig Bestand haben.

Markenmodell
Aaker und Joachimsthaler

Markensteuerrad
Esch

Markendiamant
McKinsey

Abb. 2.4 Übersicht gängiger Markenidentitätsmodelle. (Quelle: eigene Darstellung in Anlehnung an Aaker und Joachimsthaler 2009, S. 44; Esch 2005, S. 121; Schmidt 2015, S. 52)

- Die zweite Ebene bildet mit zwei bis vier wesentlichen Assoziationen die **Kernidentität** der Marke ab. Häufig handelt es sich hierbei um die **Markenwerte**.
- Alle weiteren Elemente, die notwendig sind, um das Bild der Marke zu füllen (z. B. Nutzen oder Markenauftritt), werden in der **erweiterten Identität** aufgenommen.

Das Markensteuerrad nach Esch

Als Weiterentwicklung des Markensteuerrads der Agentur icon added value stellt Esch die Markenidentität in einem Kern sowie vier darum liegenden Quadranten dar. So wird auf einen Blick sichtbar, ob die verschiedenen Facetten der Marke sich gegenseitig stützen (vgl. Esch et al. 2005, S. 119 ff.).

- Ähnlich wie bei Aaker steht im Zentrum des Modells das Extrakt der Markenidentität. Diese sog. **Markenkompetenz** beantwortet die Frage „Wer bin ich?" und beinhaltet sowohl die Wurzeln der Marke als auch ihre Rolle im Markt.
- Die **Markenattribute** fassen die Eigenschaften der Angebote und des Unternehmens im Allgemeinen zusammen. Häufig handelt es sich um sachliche Attribute (wie Preis-Leistungs-Verhältnis, schnelle Bearbeitung von Anfragen), jedoch kann auch eine allgemeinere „Reason Why" enthalten sein.
- Der **Markennutzen** ergibt sich aus den Markenattributen und beschreibt die „Benefits" des Angebots der Marke aus Konsumentensicht. Entsprechend der Beschreibung in Abschn. 2.3.1 werden sowohl der funktionale als auch der psychosoziale Nutzen aufgenommen und es wird die Frage beantwortet, was der Erwerb des Produktes für die Kunden bringt.
- In der **Markentonalität** werden die mit der Marke verknüpften Emotionen dargestellt. Sie umfasst beispielsweise Persönlichkeitsmerkmale, Beziehungen zur Marke oder Markenerlebnisse und kann mit der Frage „Wie bin ich?" ermittelt werden.
- Die Tonalität und die Eigenschaften werden durch das **Markenbild** sichtbar. Dieses beschreibt, wie eine Marke auftritt. Der Markenauftritt wird durch sämtliche Elemente des Corporate Designs (Logo, Farben, Typografie etc.), spezifische Merkmale des Produktdesigns, der Kommunikation sowie allen weiteren multisensualen Eindrücken geprägt, die zum Aufbau von inneren Bildern bei den Konsumenten führen.

Der Markendiamant von McKinsey

Der McKinsey Markendiamant wurde ursprünglich für die Erfassung des Markenimages entwickelt. Ähnlich wie bei Esch erfolgt die Strukturierung der

Markenidentität in vier Quadranten, die die Dimensionen **Markennutzen** und **Markenattribute** abbilden (vgl. Schmidt 2015, S. 52):

- Der **intangible Markennutzen** beschreibt die emotionalen Nutzenkomponenten.
- Der **tangible Markennutzen** umfasst den rationalen Nutzen in Form von Funktionen, Produkten oder Geschäftsprozessen.
- Die **intangiblen Attribute** setzen sich aus der Herkunft, der Reputation und der Persönlichkeit der Marke zusammen.
- Die **tangiblen Attribute** stellen physische Eigenschaften und den Markenauftritt dar.

Weitere Modelle zur Beschreibung der Markenidentität stellen beispielsweise das Identitätsprisma oder die Markenpyramide von Kapferer (2012) sowie das Holistic-Solutions-Strukturmodell von Henrion, Ludlow und Schmidt dar. Auch das in Abb. 2.3 aufgegriffene Modell nach Burmann et al. (2015) bildet die Markenidentität ab. Eine detailliertere Übersicht dieser und weiterer Markenidentitätsmodelle stellt Radtke (2014) zur Verfügung.

Ablauf und Durchführung der Positionierung im Strategieprozess

3

In Kap. 2 haben Sie gelernt, was eine Positionierung ist und wie sich das moderne Positionierungsverständnis entwickelt hat. In diesem Kapitel soll die Anwendung in den Fokus rücken: Sie erfahren, wie die Positionierung in den Strategieprozess von Unternehmen eingebunden wird (Abschn. 3.1), wie die Segmentierung von Märkten und Kunden zur Vorbereitung eingesetzt wird (Abschn. 3.2) und mit welchen Modellen die Positionierung dargestellt werden kann (Abschn. 3.3). In Abschn. 3.4 wird beschrieben, welche Strategien daraus abgeleitet werden können.

3.1 Einordnung in die Unternehmens- und Markenstrategie

Die Entwicklung des heutigen Positionierungsverständnisses zeigt die Weiterentwicklung der Haltung von Unternehmen, auf Kundenbedürfnisse und Wettbewerb zu reagieren. 1990 wurde diese Marktorientierung von Narver und Slater (1990, S. 22 f.) zum ersten Mal um eine prozessuale Komponente ergänzt und gezeigt, dass die „interfunktionale Koordination" verschiedener Unternehmensbereiche den langfristigen Profit positiv beeinflusst. Die Erkenntnis, dass eine dem Wettbewerb überlegene Ausrichtung auf Markt und Kunde nur durch eine klare Einbindung der Positionierung in die Unternehmensstrategie sowie deren konsequente Umsetzung in allen Geschäftsbereichen gelingt, hat sich bis heute gehalten und wird in der Praxis insbesondere von erfolgreichen Marken gelebt.

Die Positionierung wird – prozessual betrachtet – der Markenstrategie zugerechnet. Grundsätzlich beschreibt eine Strategie den Weg, an ein definiertes Ziel zu kommen. Einflüsse wie der Technologiewandel oder Veränderungen des Marktes sollen dabei berücksichtigt werden (vgl. Krechel-Mohr 2016, S. 201).

© Der/die Autor(en), exklusiv lizenziert durch Springer Fachmedien Wiesbaden GmbH, ein Teil von Springer Nature 2020
B. Kallweit, *Ganzheitliche Markenpositionierung*, essentials,
https://doi.org/10.1007/978-3-658-32510-7_3

Dementsprechend stellt die Markenstrategie den langfristig angelegten Plan dar, um definierte Markenziele (z. B. einen bestimmten Markenwert) zu erreichen. Viele AutorInnen schlagen für die Strukturierung der identitätsbasierten Markenführung die Einteilung in vier Phasen vor. Die **strategische Markenführung inklusive der Positionierung** stellt dabei die zweite Phase dar, die der **markenbezogenen Situationsanalyse** folgt. Im Anschluss erfolgen die Umsetzung in der **operativen Markenführung** sowie die Erfolgskontrolle über das **Markencontrolling** (vgl. z. B. Schmidt 2015, S. 24; Esch et al. 2005, S. 128).

Die Entwicklung der Markenstrategie muss dabei im Kontext der gesamten Ausrichtung des Unternehmens erfolgen. Oft dient die Vision als klare Vorstellung der Zukunft eines Unternehmens dabei als Ausgangspunkt der Zielformulierung, während die Mission am ehesten der Markenidentität zuzuordnen ist. Erneut wird deutlich, dass eine ganzheitliche Betrachtung von Unternehmensmission, der Vision der Zukunft und der Marke notwendig ist.

Abb. 3.1 stellt die Einordnung der Positionierung in die Marken- und Unternehmensstrategie dar – wohlwissend, dass die Durchführung der einzelnen Aktivitäten im Strategieprozess in der Praxis oft nicht sukzessive, sondern parallel oder iterativ abläuft. Auch die in Abschn. 2.2 vorgestellte Definition der Positionierung als „Planung, Umsetzung, Kontrolle und Weiterentwicklung der […] markenidentitätskonformen Position" (Feddersen 2010, S. 29) zeigt, dass die Positionierung über die Strategiedefinition hinausgeht und stattdessen alle Phasen begleitet.

Der beschriebene Management- bzw. Strategieentwicklungsprozess in Unternehmen ist in der Praxis niemals „abgeschlossen". Er sollte daher – trotz der vereinfachten Darstellung – als sich wiederholender Prozess verstanden werden (vgl. Krechel-Mohr 2016, S. 199), in dem umgesetzte Maßnahmen, damit erzielte Ergebnisse und der erneute Abgleich zwischen Ist- und Soll-Bild unter Berücksichtigung von ggf. veränderten Rahmenbedingungen eine konsequente Entwicklung des Unternehmens und der Marke sicherstellen. Die Ergebnisse des Controllings knüpfen so zirkulär an die Analyse für die ggf. angepasste Zielformulierung an. Zu beachten ist dabei, dass sich das Markenimage in den Köpfen der Zielgruppe nur langsam ändert und die Auswirkungen von Maßnahmen der Markenführung oft nicht sofort sichtbar sind.

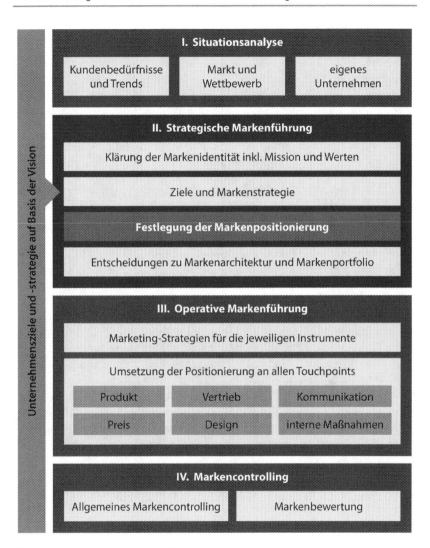

Abb. 3.1 Die Positionierung als Teil der Marken- und Unternehmensstrategie. (Quelle: eigene Darstellung in Anlehnung an Esch et al. 2005, S. 128; Schmidt 2015, S. 24; Großklaus 2015, S. 8)

3.2   Die Positionierung als Schritt im STP-Prozess

Trotz – oder gerade wegen – der vielen verfügbaren Definitionen der Positionierung ist das Verständnis in der Praxis, was genau sich hinter dem Begriff verbirgt, sehr unterschiedlich. Diese Erkenntnis hatten Aaker und Shansby (1982, S. 56) bereits in den frühen 1980er Jahren: „Most marketing managers have addressed […] positioning questions; however, ‚positioning‘ means different things to different people." So reiche das Verständnis, was eine Positionierung ist, von der Segmentierung über das erwünschte Image bis hin zur Auswahl der Produkteigenschaften, die fokussiert werden sollen – selten jedoch werde das Konzept als Ganzes betrachtet (vgl. Aaker und Shansby 1982, S. 56). Bis heute hält sich diese Unschärfe sowohl in den Unternehmen als auch in der Literatur (vgl. Feddersen 2010, S. 18).

In diesem Abschnitt soll das Verständnis der Positionierung weiter verfeinert werden, indem die Unterschiede zwischen **Segmentierung, Targeting** und **Positionierung** erklärt werden. Die drei Schritte gehen im Positionierungsprozess Hand in Hand, erfüllen jedoch unterschiedliche Aufgaben. Insbesondere die Segmentierung kann dabei als Erklärung für die Vielzahl an vermeintlichen „Positionierungsmodellen" herangezogen werden, sodass die wesentlichen Gedanken hier kurz vorgestellt werden.

Die Einteilung in die drei Schritte geht auf Philip Kotler zurück und resultiert aus der Erkenntnis, dass weder das ursprüngliche Massenmarketing – d. h. Entwicklung und Vertrieb eines Produktes für alle Kunden – noch die Weiterentwicklung in Form des „Product-Variety Marketings", in dem technisch unterschiedliche Produkte angeboten werden, den anspruchsvollen Konsumenten der heutigen Zeit gerecht werden. Für Unternehmen besteht daher die Notwendigkeit, die spezifischen Bedürfnisse verschiedener Zielgruppen zu verstehen und in Produktentwicklung und Marketing passgenau darauf einzugehen.

Dieses sog. **Target-Marketing** setzt sich aus den von Kotler als „Market Segmentation", „Market Targeting" und „Market Positioning" bezeichneten Schritte[1] zusammen, die wie folgt verstanden werden können (vgl. Kotler et al. 2007, S. 344 f.):

---

[1]Für einen besseren Lesefluss werden in diesem essential die eingedeutschten Begriffe „Segmentierung", „Targeting" und „Positionierung" verwendet. Im Fokus stehen hierbei die möglichen Kunden, sodass auf den von Kotler et al. genannten Zusatz „Markt-" verzichtet wird.

- Die **Segmentierung** stellt die Einteilung eines Marktes in Käufergruppen dar, die möglicherweise unterschiedliche Produkte oder Marketing-Aktivitäten benötigen.
- Im **Targeting** werden die einzelnen Marktsegmente hinsichtlich ihrer Attraktivität beurteilt und entschieden, welche(s) angesprochen werden soll(en).
- Durch ihre **Positionierung** sollen Produkte und Marketing-Mix für eine klare, attraktive und dem Wettbewerb überlegene Stellung in den Köpfen der Kunden sorgen.

Während die Segmentierung und Teile des Targetings auf der Analyse von Daten basieren, stellt die Positionierung eine strategische Entscheidung dar. Abb. 3.2 illustriert den Zusammenhang schematisch.

> **Praxistipp** In der Praxis wird der Begriff „Positionierung" häufig synonym für die Segmentierung und Auswahl einer Zielgruppe verwendet. Insbesondere das Targeting wird oft nicht explizit angesprochen, sondern als Teil der Positionierung verstanden. Um bei der Anwendung Missverständnissen vorzubeugen, lohnt sich eine Klärung, welcher Schritt jeweils gemeint ist.

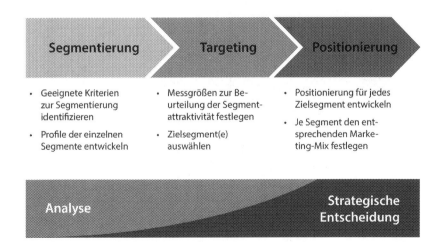

Abb. 3.2 Die Positionierung als Schritt im STP-Prozess. (Quelle: eigene Darstellung, teils in Anlehnung an Kotler et al. 2007, S. 345)

Der Fokus dieses essentials liegt auf der strategischen Entscheidung der Positionierung. Um den Überschneidungen der Begriffe gerecht zu werden, werden in den folgenden Abschnitten jedoch kurz die für die Positionierung relevanten Gedanken aus Segmentierung und Targeting zusammengefasst.

3.2.1 Überblick über die Segmentierung

Die Segmentierung wird auch als „**Strukturierung des Marktes**" bezeichnet, indem analysiert wird, welche Kundengruppen vorliegen. Im ersten Schritt geht es also darum, mithilfe von **Marktforschung** nachzuweisen, dass ein oder mehrere Kundensegmente existieren (vgl. Rüdrich und Karcher 2016, S. 243).

Die Kriterien für die Einteilung der Kundengruppen sind dabei vielfältig. Gängige Unterscheidungen sind die Segmentierung nach sozioökonomischen, geografischen oder psychografischen Kriterien. Insbesondere die Verwendung sog. Milieustudien, die Kunden entsprechend ihren Grundüberzeugungen und Mentalitäten clustern und die häufig mit zahlreichen zusätzlichen Panel-Informationen verknüpft sind, hat sich in Marketing und Kommunikation durchgesetzt. Angelehnt an die zwei bekanntesten Modelle von SIGMA und Sinus zeigt Abb. 3.3 vereinfacht den grundsätzlichen Aufbau sowie die exemplarische Verortung ausgewählter Milieus, deren Lage sich in beiden Studien ähnelt. Auch die in Abschn. 2.3.2 erklärte Einteilung von Kunden entsprechend ihren vorherrschenden Bedürfnissen der Limbic® Map stellt eine Form der Segmentierung dar. Einen detaillierten Überblick über die Methoden und Möglichkeiten der Marktsegmentierung finden Sie z. B. bei Freter (2008) oder bei Pepels (2007). Hintergründe zu Bedeutung und Anwendung von Milieustudien liefern Barth et al. (2018) am Beispiel der Sinus-Milieus.

> ▶ Die Abgrenzung zur Segmentierung ist möglicherweise deshalb nicht trennscharf, weil die Positionierung in der Praxis häufig als „Schwerpunkt" in einem Segmentierungs- oder Milieumodell abgebildet wird. Diese Form der Visualisierung zeigt jedoch lediglich, welche Kundengruppen angesprochen werden sollen. Die Anforderungen an eine Positionierung sind damit nicht vollständig erfüllt.

Für die zielgruppenspezifische Ableitung von USPs hat sich in der Praxis außerdem die Clusterung der Kunden entsprechend ihren (oft rationalen) Anforderungen an eine Marke oder ein Produkt etabliert, die ebenfalls eine Form der

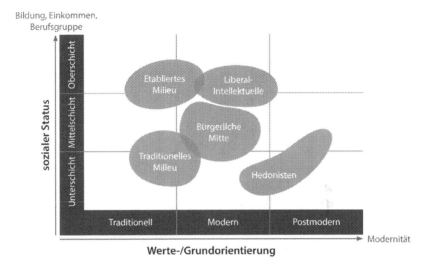

Abb. 3.3 Kundensegmentierung anhand von Milieus (illustrativ). (Quelle: eigene Darstellung in Anlehnung an Flaig und Barth 2018, S. 11; SIGMA 2020)

Segmentierung darstellt. Die Entwicklung entsprechender Positionierungsmodelle ist in Abschn. 3.3 beschrieben.

▷ **Praxistipp** In der Praxis wird häufig kritisiert, dass eine auf Marktforschung basierende Segmentierung vergangenheitsbezogen ist. Achten Sie daher darauf, die Einteilung Ihrer Kundensegmente anhand möglichst stabiler Dimensionen (wie z. B. der generellen Einstellung von Kunden) vorzunehmen und bei der Interpretation Trends zu berücksichtigen.

3.2.2 Die Auswahl einer attraktiven Kundengruppe im Targeting

Im Rahmen des **Targetings** wird beurteilt, wie attraktiv ein identifiziertes Segment für ein Unternehmen ist. **Kenngrößen,** die für die Beurteilung herangezogen werden können, sind beispielsweise Segmentgröße und -wachstum, die mögliche Gewinnspanne sowie die Wettbewerbsdichte (vgl. Kotler et al. 2007, S. 359 f.).

Mögliche Werkzeuge für die Analyse und Darstellung der Bewertung finden sich in der allgemeinen Unternehmensstrategie. Unternehmen können ihre Kunden beispielsweise in ABC-Kunden einteilen oder SWOT- und Nutzwertanalysen vornehmen. Auch die in Abschn. 2.4.2 genannten Five Forces nach Porter können analysiert werden, um die Segmente hinsichtlich ihres Potenzials zu bewerten. Je nach Branche unterscheiden sich dabei der Einfluss und die Bedeutung der verschiedenen Wirkungskräfte. Eine strukturierte Zusammenfassung der Kriterien, insbesondere im Hinblick auf die Industrie-Profitabilität, liefert Porter (2008) in seinem Artikel *The Five Competitive Forces That Shape Strategy*.

Als Vorbereitung für eine erfolgreiche Positionierung sollte das Targeting um eine strategische Einschätzung ergänzt werden, die über die reine Analyse hinausgeht. So muss die Bewertung beispielsweise um die Einschätzung möglicher disruptiver Technologien und Trends erweitert werden. Außerdem sollten Unternehmen die Analysedaten kritisch reflektieren und sich deren Grenzen bewusst machen: Ein starkes Segmentwachstum kann beispielsweise angebotsinduziert entstanden und bereits zum Markteintritt eines neuen Wettbewerbers nahezu gesättigt sein.

Weiterhin muss die Entscheidung, welche Kundensegmente angesprochen werden sollen, individuell von jedem Unternehmen getroffen werden: Insbesondere durch die Rolle der Markenidentität kann eine Kundengruppe mehr oder weniger passend für eine Positionierung sein (Marken-Fit). Auch die eigenen Ziele, Fähigkeiten und Ressourcen müssen bei der Auswahl berücksichtigt werden. So können bei einer Nischenstrategie auch vermeintlich „unattraktivere" Segmente ein sinnvolles Ziel darstellen (vgl. Kotler et al. 2007, S. 360).

Die Beantwortung der Frage, auf welche Zielgruppe das eigene Angebot zugeschnitten werden soll, wird in einigen Unternehmen bereits als „Positionierung" bezeichnet. Letztlich ergibt sich diese jedoch erst durch die Benennung der „strategischen Herausforderung", also die Entscheidung, welche Rolle man im Umfeld der Kunden und des Wettbewerbs einnehmen möchte (vgl. Rüdrich und Karcher 2016, S. 243; Kotler et al. 2007, S. 364 f.). Die gängigsten dieser Positionierungsstrategien sind in Abschn. 3.4 zusammengefasst.

3.2.3 Die Bedeutung von Personas für die Positionierung

In ihrer Betrachtung der Schritte Segmentierung – Targeting – Positionierung schließen Kotler et al. (2007) den Kreis zum ursprünglichen Gedanken, dass eine Positionierung erst durch die Wahrnehmung der Zielgruppe entstehe, und ergänzen ihn um Elemente der Segmentierung: Unternehmen sollten bei der Differenzierung berücksichtigen, dass diese von Konsumenten, abhängig von der Art ihrer Entscheidungsfindung, jeweils unterschiedlich beurteilt werde. Bei den Persönlichkeitstypen unterscheidet Kotler dabei, angelehnt an die Psychologischen Typen nach C. G. Jung (vgl. Jung 1921), zwischen „Thinkers", „Intuitives", „Feelers" und „Sensors".[2]

Um die zielgruppengerechte Positionierung zu ermöglichen, ist also ein tiefgehendes Verständnis der Kunden erforderlich. Idealerweise sollte die Beschreibung der Zielgruppe nicht nur auf einem Segmentierungskriterium basieren, sondern sozioökonomische, geografische und psychografische Kriterien vereinen (vgl. Höllbacher 2016, S. 173). Häufig stammen diese aus vielfältigen Quellen, sodass sich in der Praxis die Zusammenführung und Kommunikation in Form von sog. Personas[3] bewährt hat.

Bei einer **Persona** handelt es sich um eine **fiktive Nutzerbeschreibung, die auf empirischen Informationen basiert.** Im Unterschied zur Zielgruppenbeschreibung geht es bei einer Persona darum, stellvertretend für eine Gruppe eine typische Person abzubilden. Dabei werden deren individuelle Eigenschaften wie Name, Beruf, Interessen und Verhaltensweisen möglichst konkret und bildlich beschrieben (vgl. Schätzle 2016, S. 90). Es ist also nicht notwendig, mit einem rechnerischen „Durchschnitt" das Profil der gesamten Zielgruppe abzudecken, sondern durch die Beschreibung eines typischen Kunden ein konkretes, für die Anspruchsgruppen leicht greifbares Bild zu erzeugen. Dieser prototypischen, klar gezeichneten Rolle ist auch der Begriff „Persona" – oft auch konkretisiert als **„Buyer Persona"** – zu verdanken, der auf die Masken des antiken Schauspiels zurückgeht. Ebenso wie die heutigen Personas verfolgten diese nicht das Ziel, jedes Detail zu beschreiben, sondern durch klar verständliche emotionale Gesichtsausdrücke ein „Big Picture" zu erzeugen (vgl. Häusel und Henzler 2018, S. 18).

Um verschiedenen Kundentypen und ihren Anforderungen gerecht zu werden, können mehrere Personas kreiert werden. Die Bausteine, die dabei berücksichtigt werden sollten, orientieren sich an den verschiedenen Möglichkeiten der Segmentierung. Häusel und Henzler (2018, S. 27 f.) schlagen vor, die Persona-Formulierung an den drei Säulen Persönlichkeit, Soziokultur und kategoriespezifischen Einstellungen zu orientieren.

---

[2]Die Psychologischen Typen nach C. G. Jung sind heute bekannter in ihrer Weiterentwicklung zum Myers-Briggs-Typindikator (MBTI), einem der wohl bekanntesten Fragebögen zur Einschätzung der Persönlichkeit.

[3]Sic. Obwohl der Plural „Personas" insb. KennerInnen der lateinischen Sprache immer wieder aufstößt, hat dieser sich in diesem Kontext in der Praxis etabliert.

Für die Positionierung können Personas herangezogen werden, um die **aktuelle und angestrebte Wahrnehmung in den Köpfen der Kunden besser zu verstehen.** Auch der rationale und emotionale Nutzen einer Marke oder eines Angebots aus Kundensicht kann anhand von Personas plakativ diskutiert werden. Häufig werden die wesentlichen Elemente der Persona dafür auf einer sog. **Sedcard**[4] zusammengefasst (vgl. Häusel und Henzler 2018, S. 64).

3.3   Das Positionierungsmodell als klassischer Positionierungsansatz

In Abschn. 3.1 wurde die Positionierung als strategische Entscheidung beschrieben. Um diese fundiert und objektiv treffen zu können, wird ausdrücklich die Nutzung empirischer Daten als Ausgangsbasis empfohlen. Die in diesem Abschnitt beschriebenen Positionierungsmodelle werden in zahlreichen Standardwerken als Werkzeug zur Markenpositionierung angeführt. Ihr Erfolg beruht u. a. „auf der faszinierenden Möglichkeit, den Gesamtmarkt und die in ihm vorhandenen Segmente übersichtlich zu visualisieren" (vgl. Böhler 1977, S. 17).

Um Marken oder Produkte in einem Positionierungsmodell darzustellen, werden zunächst die aus Kundensicht relevanten Dimensionen ermittelt. Mithilfe entsprechender Marktforschung[5] werden die eigene Marke sowie der Wettbewerb innerhalb dieses entstehenden, mehrdimensionalen Positionierungsraums verortet. Diese Darstellung ermöglicht die Ableitung verschiedener Handlungsfelder, die in Abschn. 3.3.2 erläutert sind.

In den folgenden Abschnitten werden die wesentlichen Gedanken für die Arbeit mit Positionierungsmodellen dargestellt. Eine detailliertere, praxisorientierte Beschreibung zur Erarbeitung eines empirischen Positionierungsmodells findet sich z. B. bei Riedl und Eggers (2013).

---

[4]Die Sedcard wurde nach Sebastian Sed, dem Geschäftsführer einer britischen Modelagentur benannt (vgl. Duden o. J.). Häufig wird fälschlicherweise die Schreibweise „Setcard" verwendet.

[5]Zu den Instrumenten der Positionierungsanalyse zählen z. B. die multidimensionale Skalierung (MDS) und die Korrespondenzanalyse, die mit unterschiedlichen Vorgehensweisen die Nähe bzw. Differenzierung von Marken ermitteln (vgl. Schmidt 2015, S. 93 f.). Eine weitere Möglichkeit stellt die Identifikation relevanter Dimensionen des Positionierungsraums mithilfe der Faktorenanalyse dar (vgl. Riedl und Eggers 2013, S. 561 ff.). Weitere Verfahren sind bei Trommsdorff et al. (2004) dargestellt.

3.3.1 Die Entwicklung relevanter Positionierungsdimensionen

Um die eigene Position im Verhältnis zum Wettbewerb zu analysieren, müssen zunächst die Kriterien identifiziert werden, die für die Zielgruppe eine hohe Relevanz für Positionierung und Kaufentscheidung haben. Diese spannen den sog. **Positionierungsraum** (z. T. auch als „Wahrnehmungsraum" bezeichnet) auf (vgl. Schmidt 2015, S. 55 f.).

Um die positionierungsrelevanten Dimensionen zu bestimmen, kann entweder **wettbewerbs- oder konsumentenorientiert** vorgegangen werden: Die Daten werden also durch die Befragung von Experten oder Zielkunden erhoben. Auch die Auswertung von Werbeaussagen und die Ergänzung um qualitative Verfahren (wie z. B. Gruppendiskussionen oder Tiefeninterviews) können zu hilfreichen Erkenntnissen führen. Für die Einschätzung, welche Eigenschaften für die Verwendung im Modell geeignet sind, können diese hinsichtlich

- ihrer **Verhaltensrelevanz** (d. h. die Eigenschaften sind bedeutend für die Einstellung und das Kaufverhalten),
- ihres **Instrumentalbezugs** (d. h. sie können durch Marketinginstrumente beeinflusst werden) und
- ihrer **Diskriminanzfähigkeit** (d. h. sie sind geeignet, um Marken zu differenzieren)

bewertet werden (vgl. Trommsdorff et al. 2004, S. 551).

Wegen ihrer einfachen Darstellung und Handhabung wird die Diskussion der Zielgruppenbedürfnisse oft anhand von **zweidimensionalen Positionierungsräumen** geführt (vgl. Großklaus 2015, S. 22). Dabei gibt es grundsätzlich zwei Möglichkeiten, die Achsen zu bezeichnen: Leicht verständlich ist die Darstellung entsprechend der üblichen Interpretation eines Koordinatensystems, in der die Werte nach „rechts oben" besser werden (vgl. Riedl und Eggers 2013, S. 566), z. B. „wenig Genuss – hoher Genuss" auf der x-Achse, „wenig Qualität – hohe Qualität" auf der y-Achse. In anderen Modellen werden für die Achsen-Pole jeweils gegensätzliche Bezeichnungen gewählt, z. B. „eigene Belohnung – sorgen für andere" oder „Genuss/Geschmack – Gesundheit, /Kontrolle" (vgl. Bruce und Jeromin 2016, S. 10). Dabei muss berücksichtigt werden, dass in der Visualisierung ein gegenseitiger Ausschluss der Dimensionen impliziert wird – eine Positionierung als „gesunder Genuss" könnte in diesem Beispiel nicht klar verortet werden, da sie sich vom „stuck in the middle" visuell nicht unterscheidet.

Oftmals ergeben sich aus der Analyse mehr als zwei Positionierungskriterien, die die Präferenzen der Konsumenten beschreiben können, sodass **mehrdimensionale Positionierungsräume** entstehen. Die Herausforderung besteht darin, diese übersichtlich zu visualisieren. Obwohl die Abbildung von vier Dimensionen grundsätzlich möglich ist (vgl. Abb. 3.4, die eine Übersicht gängiger grafischer Darstellungen mehrdimensionaler Positionierungsräume zeigt), ist fraglich, ob die Darstellung – insbesondere bei mehreren Marken im Vergleich – durch ihre wenig intuitive Interpretation als Basis für strategische Entscheidungen geeignet ist. In

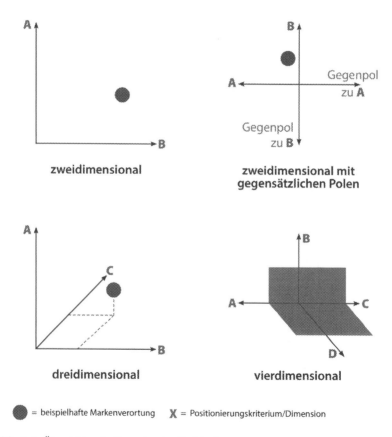

Abb. 3.4 Übersicht mehrdimensionaler Positionierungsräume

der Praxis überwiegt daher die Beschränkung auf zwei oder drei Dimensionen oder die Aufteilung auf mehrere Wahrnehmungsräume.

Die häufig angeführte **Kritik,** dass die vereinfachte Darstellung der Positionierung in einem zwei- oder dreidimensionalen Modell nicht der komplexen Realität entspreche, kann im Gegenteil auch als Stärke betrachtet werden: Ziel der Positionierung ist die **Konzentration auf eine bzw. wenige Eigenschaften.** Der klare Fokus innerhalb des Modells kann also helfen, die eigene Positionierung konsistent zu vermitteln und effektiv ein gewünschtes Image bei den Konsumenten aufzubauen (vgl. Esch 2005, S. 136).

3.3.2 Verortung und Ableitung von Strategien

Bevor die Verortung von Marken im Wahrnehmungsraum stattfinden kann, muss zunächst der zu berücksichtigende Wettbewerb festgelegt werden. Zur Eruierung des relevanten Marktes (Abfrage des sog. **„Relevant Set"**) können entweder Experten befragt oder die für Kunden infrage kommenden Alternativen erhoben werden. Obwohl die Befragung von Kunden aufwendiger ist, gilt diese Variante als fundierter, da der faktische Wettbewerb durch die Wahrnehmung der Zielgruppe definiert wird (vgl. Trommsdorff et al. 2004, S. 550).

Die relevanten Wettbewerber sowie die Position der eigenen Marke werden nun entsprechend der Wahrnehmung der Konsumenten im Positionierungsraum verortet – es entsteht eine sog. **Perceptual Map.** Wichtig ist – insbesondere für die Diskussion der Ergebnisse – die Unterscheidung zwischen der **Ist-Position** und der **Soll-Positionierung.** Das Positionierungsmodell zeigt die subjektiv wahrgenommene Stellung der Marken, die auch passiv und ohne gezielte Maßnahmen entstanden sein kann.[6] Die Positionierung hingegen stellt eine **aktive Gestaltung der eigenen Stellung** dar – sie drückt aus, was eine Marke über sich selbst aussagt und wie sie agiert, um die gewünschte Position zu erreichen (vgl. Esch 2005, S. 136; Schmidt 2015, S. 54).

Für die Ableitung einer erfolgreichen Soll-Positionierung wird neben der Position der Wettbewerber häufig die **Idealvorstellung der Kunden** abgefragt und

---

[6]Das bedeutet: Jede Marke hat eine Position, unabhängig davon, ob sie sie aktiv erreicht hat. Auch die im Positionierungsmodell sichtbare Position des Wettbewerbs muss nicht zwingend der intendierten Soll-Positionierung entsprechen. Ries und Trout (2012, S. 53 ff.) beschreiben z. B. die Möglichkeit, durch „Repositionierung der Konkurrenz" die eigene Stellung im Verhältnis zu verbessern. Um nicht in eine unerwünschte Position gedrängt zu werden, sollten Unternehmen den Aufbau ihrer eigenen Soll-Positionierung also ernst nehmen.

im Positionierungsraum dargestellt. Dabei wird unterstellt, dass die Präferenz für eine Marke oder ein Produkt mit zunehmender Nähe zur Idealposition wächst (vgl. Großklaus 2015, S. 24).

> **Praxistipp** Existieren verschiedene Kundengruppen, deren Präferenzen sich unterscheiden (Nachfragerheterogenität), kann die Berechnung der Idealposition als Mittelwert der Einschätzung dieser Kundengruppen wenig aussagekräftig oder sogar irreführend sein! Je nach Ziel kann die Darstellung daher z. B. auf die Idealposition der eigenen, spezifischen Zielgruppe beschränkt werden. Alternativ können mithilfe einer Clusteranalyse verschiedene Kundengruppen herausgearbeitet und differenziert betrachtet werden (vgl. Feddersen 2010, S. 72).

Aus der Positionierungsanalyse können verschiedene **Handlungsempfehlungen für die Soll-Positionierung** abgeleitet werden:

- Durch einen Abgleich zwischen der eigenen Position mit der Verortung der anderen Anbieter können die **aus Sicht der Zielgruppe relevanten Wettbewerber identifiziert** werden. Die Nähe verschiedener Marken gilt dabei als **Indikator für ihre Austauschbarkeit** aus Verbrauchersicht. Um **Substitutionen** zu vermeiden, können entsprechende Maßnahmen zur stärkeren Differenzierung erarbeitet werden (vgl. Esch 2005, S. 134).
- Indem die **Idealposition** der Konsumenten abgefragt und mit der Realmarkenbeurteilung abgeglichen wird, kann die eigene Soll-Positionierung noch stärker an den Wünschen der Zielgruppe ausgerichtet werden (Anpassung der Leistungen an die Nutzenerwartung). Alternativ kann versucht werden, die Nutzenerwartung, z. B. durch geschickte Kommunikation bisher wenig im Fokus stehender Vorteile, an die eigene Leistung anzupassen (vgl. Tomczak et al. 2014, S. 159).
- Weiterhin hilft die Visualisierung beim **Erkennen von Marktnischen und Positionierungslücken** – den Wahrnehmungsbereichen, die für die Kunden relevant, jedoch bisher noch nicht von Unternehmen besetzt sind (vgl. Schmidt 2015, S. 94).

3.3.3   Grenzen von klassischen Positionierungsmodellen

Die dargestellten Positionierungsmodelle werden der sog. **klassischen Positionierung** zugeordnet, die ihren festen Platz in der Marktanalyse und Erarbeitung von Strategien zur Marken- und Produktpositionierung hat. Häufig wird sie jedoch wegen ihres Vergangenheitsbezuges und, als Folge, ihrer **mangelnden Innovationsorientierung** kritisiert. Es bleibt offen, ob die in den Wahrnehmungsräumen berücksichtigten Dimensionen möglicherweise angebotsinduziert entstanden sind. Das Auffinden von attraktiven, bislang unbesetzten Marktsegmenten und die Entdeckung von kundenrelevanten Differenzierungskriterien werden zudem durch die Tatsache erschwert, dass der Wettbewerb gleiche oder ähnliche Informationen erheben kann und relevante Positionierungslücken oder Eigenschaften ebenfalls bemerkt. Das klassische Positionierungsmodell wird daher auch als **reaktive Positionierung** bezeichnet (vgl. Tomczak et al. 2014, S. 159 f.).

Um diese Gefahren zu minimieren, kann – alternativ oder ergänzend – ein anderer Positionierungsansatz verfolgt werden: Die **aktive Positionierung** beschreibt die Idee, ein bislang beim Verbraucher nicht bewusst vorhandenes Bedürfnis zu finden und zu besetzen. Diese Möglichkeit wird in Abschn. 3.4.1 näher erläutert.

3.4   Ausgewählte Positionierungsstrategien

In den ersten Abschnitten von Kap. 3 haben Sie erfahren, wie die Positionierung in die Unternehmensstrategie eingeordnet ist und wie Segmentierung und Positionierungsmodelle eine Ausgangsbasis für die Entscheidung, welche Position besetzt werden soll, schaffen. Im Folgenden erhalten Sie einen Überblick über mögliche strategische Optionen, die dazu beitragen sollen, eine aus Kundensicht relevante und dem Wettbewerb überlegene Stellung zu finden.

3.4.1   Aktive Positionierung, Blue Ocean und die andere Form der Differenzierung

Bei der **aktiven** bzw. **proaktiven Positionierung** wird versucht, ein „latentes, dem Verbraucher bislang lediglich unterbewusst bekanntes, aber dennoch relevantes Bedürfnis […] zu finden und im Anschluss in einzigartiger Weise zu besetzen" (Walter 2006, S. 99). Die aktive Positionierung entspricht somit der ursprünglichen Idee von Ries und Trout, die einen echten Wettbewerbsvorteil nur in der

Bedienung eines aus Kundensicht eigenen Marktes sehen (vgl. Tomczak 2014, S. 160). Sie überwindet die Grenzen der klassischen Positionierungsmodelle, indem eine strategische, zukunftsorientierte Komponente eingebracht wird. Die Entwicklung einer aktiven Positionierung kann auf zwei unterschiedlichen Wegen geschehen (vgl. Tomczak 2014, S. 161):

- Bei der **Outside-in-Orientierung** wird im ersten Schritt versucht, nicht unmittelbar sichtbare Kundenbedürfnisse zu identifizieren. Für diese werden innovative Problemlösungen gesucht.

- Die **Inside-out-Orientierung** geht von einer bestimmten Kernkompetenz aus, auf deren Basis eine innovative Problemlösung entwickelt wird. Im zweiten Schritt wird eine Kundengruppe gesucht, deren latent vorhandenes Bedürfnis von der Lösung profitiert.

Bei der aktiven Positionierung wird also versucht, den **zukünftigen Bedarf und die damit verbundene Problemlösungserwartung der Kunden** abzuschätzen, um der Konkurrenz in Zukunft einen Schritt voraus zu sein (vgl. Backhaus und Voeth 2010, S. 16). Damit ist die Innovationsorientierung deutlich höher als bei der reaktiven Positionierung. Gleichzeitig sind die Verfahren der klassischen Marktforschung nicht mehr ausreichend, um die latenten Kundenbedürfnisse zu erfassen. Insbesondere bei bislang unbekannten Erfindungen und neuen Angeboten fällt es zudem schwer, die Reaktion von Konsumenten in Studien und in der Markteinführung richtig zu bewerten. Häufig schneiden die bis dahin wenig vertrauten Produktideen zunächst schlecht in entsprechenden Tests ab, sodass sich der langfristige Erfolg eines klar differenzierten Angebotes nicht eindeutig an dessen anfänglicher Performance ablesen lässt (vgl. Neumeier 2007, S. 37).

Insbesondere für die Verfolger eines Marktführers oder für kleinere Anbieter kann die Idee, den stärksten Wettbewerber nicht einfach übertreffen zu wollen, ein lohnender Ansatz sein. Indem stattdessen ein neuer Markt gesucht wird, entsteht Raum für eigene „Regeln" – und die Chance, den begehrten Platz in den Köpfen der Konsumenten als Erster zu besetzen (vgl. Tomczak 2014, S. 161). Die Integration von Trends und Prognosen ist daher unerlässlich für die aktive Positionierung. Neben einem klaren Fokus, radikaler Differenzierung von bestehenden Angeboten und passender Kommunikation stellt die Berücksichtigung von **Trends** auch für Neumeier einen essenziellen Baustein erfolgreicher Marken dar – der Weg zum „Leader" wird von ihm augenzwinkernd beschrieben als: „Just find a parade and get in front of it" (Neumeier 2007, S. 45).

Die klassischen Strategien zur Eroberung neuer Märkte sind in der Betriebswirtschaftslehre durch **Ansoff** bekannt, der aus der Kombination von Produkt-

und Marktsicht die Möglichkeiten der **Marktdurchdringung, Markterwei-terung, Produktdifferenzierung** und **Diversifikation** darstellt (vgl. Ansoff 1957, S. 114). Wie auch die Wettbewerbsstrategien nach Porter und die Innovationsstrategien nach Drucker gehen diese jedoch von einem bestehenden Wettbewerb aus. Ein „neuer Markt" bezeichnet hier also lediglich einen Markt, in dem das Unternehmen bislang nicht aktiv war (vgl. Heupel et al. 2019, S. 25).

Die Idee, einen völlig neuen, wettbewerbsfreien Markt zu schaffen, greift die verhältnismäßig junge **Blue Ocean Strategy** auf. In ihrem bislang über 4 Mio. Mal verkauften gleichnamigen Buch beschreiben Kim und Mauborgne (2015) ver-schiedene Tools und Aktionen, um sog. „blaue Ozeane" – neue Märkte ohne bestehende Konkurrenz – ausfindig zu machen und so eine neue Nachfrage zu erschließen.

Durch die Kreierung eines neuen Kundennutzens bei gleichzeitigem Auswei-chen vor dem Wettbewerb (vgl. Heupel et al. 2019, S. 26) stellt die Blue Ocean Strategy die Basis für eine Extremform der proaktiven Positionierung dar. Auf-grund der strategischen Tragweite hat das Verständnis der Kundenbedürfnisse eine besonders hohe Bedeutung. Da die Blue Ocean Strategy einen Management-Ansatz beschreibt, sollte die Entwicklung von konkreten Positionierungskriterien und einer Soll-Position aus Sicht der Kunden zusätzlich stattfinden und mit ent-sprechenden Maßnahmen umgesetzt werden. Die Blue Ocean Strategy ist dabei kein Garant für eine erfolgreiche Positionierung, bietet jedoch eine sehr große Chance, sich mit einem innovativen Angebot als Erster in der Wahrnehmung der Menschen zu positionieren.

3.4.2 Eine Übersicht der möglichen Positionierungsstrategien

Der Aufbau eines bestimmten Bildes (Images) in den Köpfen der Konsumenten dauert oft länger, als Marketing-ManagerInnen denken. Eine Positionierung muss daher auch über einen langen Zeitraum hinweg tragfähig und aussagekräftig sein, um erfolgreich eine bestimmte Position zu besetzen. Dafür sind Konsistenz und Klarheit zentrale Anforderungen (vgl. Großklaus 2015, S. 13).

Lange galt die Betrachtung der verschiedenen **Wettbewerbsstrategien nach Porter** als Mittel der Wahl, um Klarheit über das eigene Angebot zu bekom-men. Die **drei grundsätzlichen Strategietypen** ergeben sich dabei aus den Entscheidungen, welche Art von Wettbewerbsvorteil verfolgt und wie weit das Wettbewerbsfeld gefasst werden soll (vgl. Porter 2013, S. 73 ff.):

- Bietet mein Angebot spezifische Produktmerkmale oder Leistungsvorteile? (**Differenzierung**, z. T. auch **Qualitätsführerschaft**)
- Kann ich bestimmte Kostenvorteile gegenüber meinen Wettbewerbern realisieren? (**Kostenführerschaft**)
- Fokussiere ich mich auf einen Teilmarkt bzw. konzentriere ich mich auf bestimmte Schwerpunkte? (**Nischenstrategie**)

Die Wettbewerbsstrategien und die Theorie Porters zeigen die Bedeutung einer klaren Position auf: Unternehmen, die keine eindeutige Strategie verfolgten („stuck in the middle"), sind häufig weniger rentabel und kämpfen mit einer geringeren Zahlungsbereitschaft als klar positionierte Spezialisten oder Nischenanbieter (vgl. Sawtschenko 2012, S. 47 ff.).

Die von Porter entwickelten Wettbewerbsstrategien und weitere, daran angelehnte **Strategie-Grundtypen** (z. B. **Vorreiter:** Überlegenheit durch Innovation, **Präsenz:** Stärke in Vermarktung/Vertrieb, **Convenience** oder **Individualisierung** wie bei Maßanzügen, vgl. Hirzel 2016, S. 99) stellen die Grundlage für eine authentische Positionierung dar, die auf realen Vorteilen und nicht nur auf Kommunikation beruht. Nach heutigem Verständnis sind sie in ihrer ursprünglichen Form jedoch nicht mehr ausreichend, um eine Positionierung vollständig zu beschreiben: Obwohl die Auseinandersetzung mit den eigenen Wettbewerbsvorteilen auch als Ressourcenorientierung verstanden werden kann, sollte die gewählte Richtung zusätzlich auf den Fit zur eigenen Markenidentität, vor allem jedoch auf die tatsächliche Wahrnehmung des Vorteils durch die Zielgruppe sowie die Relevanz des angebotenen Nutzens für die Kunden geprüft werden.

Wer sich damit auseinandersetzt, eine Marke oder ein Produkt zu positionieren, stößt schnell auf die folgenden **Positionierungsstrategien** (vgl. Großklaus 2015, S. 15 ff.):

- Marktführerposition
- Nachfolger- oder Herausfordererposition
- Me-Too-Positionierung
- Preispositionierung
- Nischenpositionierung

Diese wurden von zahlreichen AutorInnen hinsichtlich ihrer Erfolgsfaktoren und Herausforderungen beleuchtet. Dabei wird deutlich, dass die Wettbewerbsorientierung zwar integriert ist, die Strategien jedoch darüber hinausgehen: Für Ries und Trout (2012, S. 37 ff.) bedeutet die Marktführerschaft beispielsweise, „Erster im Gedächtnis der Kunden" zu sein. Auch die **Verfolgerposition** orientiert sich nicht am bloßen Kopieren des Angebots des Marktführers, sondern sucht gezielt nach einer bislang unbesetzten Lücke in der Wahrnehmung.

Die Auswahl der richtigen Strategie ist abhängig von zahlreichen Einflussfaktoren und zu komplex, um sie in ein standardisiertes Schema zu gießen. Obwohl die sog. **Me-Too-Strategie** die Anforderungen an eine differenzierende Positionierung beispielsweise erstmal nicht erfüllt, kann die Imitation eines starken Wettbewerbers zur Eliminierung von dessen Points of Difference führen und damit ein sinnvolles Ziel darstellen (vgl. Burmann et al. 2015, S. 123, siehe auch Abschn. 2.4.1).

Auch **branchenspezifische Besonderheiten** können zu individuellen und erfolgreichen Positionierungsstrategien führen. So zeigen Urban und Klein (2016, S. 85 ff.) auf, dass viele Coaches und Trainer, statt ihren Fokus auf ein Geschäftsfeld zu legen, erfolgreich zwei Standbeine betreiben. Diese von ihnen als „Stricknadel-Positionierung" beschriebene Strategie stellt, ebenso wie die Alternativen des „Roten Fadens" und der „Patchworkdecken-Positionierung", eine Besonderheit des Marktes dar. Besondere Aufmerksamkeit und ein ausgewogenes Zusammenspiel aus Rationalität und Emotionalität erfordert auch die **Positionierung von B2B-Marken,** die sich von B2C-Marken in zahlreichen Aspekten (u. a. in der Art der Nachfrager, Märkte und in der Vermarktung) differenzieren (vgl. Bausback 2007, S. 135 ff.).

Trägt man die verschiedenen Positionierungsstrategien zusammen, wird schnell deutlich, dass sich diese auf sehr unterschiedlichen Leveln bewegen, sich überschneiden oder ergänzen können. Sawtschenko (2012) gibt einen praxisorientierten Überblick, welche Elemente beispielsweise in einer **Positionierung als Spezialist** fokussiert werden können (z. B. Zielgruppenspezialisierung, Service, Problemlösung, Einsparpotenziale), und welche Möglichkeiten es für die Positionierung gibt, wenn ein **rationaler Nutzenvorteil** vorliegt (z. B. Pionierprodukt, neue Produktkategorie oder Technologie). Auch Ries und Trout (2001) beleuchten anhand zahlreicher Beispiele, wie die Positionierung von Dienstleistungen, Banken, Urlaubsorten oder der eigenen Karriere gelingen kann. Interessierten LeserInnen möchte ich beide Bücher gern empfehlen, um anhand der Beispiele Ideen für eigene Positionierungen zu entwickeln.

3.4.3 Die Repositionierung

Eine der wichtigsten strategischen Entscheidungen für Unternehmen ist die der **Repositionierung** ihrer Marke. Wird anhand von Positionierungsanalysen festgestellt, dass die eigene Position nicht dem Bedarf der Zielgruppe entspricht oder als austauschbar wahrgenommen wird, kann eine Repositionierung sinnvoll sein. Weitere Gründe, die für eine Repositionierung sprechen, sind beispielsweise ein **mangelnder Markenidentitäts-Fit** oder **Implementierungsdefizite** (häufig bedingt durch unzureichende Marktforschung oder fehlende Kontinuität in der Umsetzung, vgl. Feddersen 2010, S. 52 ff.).

Um als Marke Vertrauen bei der Zielgruppe zu stiften und so die Markenpräferenz (und damit die Kaufwahrscheinlichkeit) zu erhöhen, sind Stabilität und Konsistenz jedoch wesentliche Erfolgsfaktoren (vgl. Boch 2013, S. 4). Die Repositionierung stellt daher ein Risiko dar, da ein bestehendes Image in ein neues umgewandelt werden muss. Gleichzeitig muss auf Veränderungen des Marktes und der Wettbewerbspositionierungen reagiert werden. Marken stehen also immer im Spannungsfeld zwischen **Kontinuität** (Aufbau von Gedächtnisstrukturen, Tradition, Optimierung von Prozessen, Fortführung erfolgreicher Maßnahmen) und **Veränderung** bzw. **Aktualität** („Top of mind" bleiben, Erschließung neuer Marktpotenziale, Flexibilität und Innovation, vgl. Roosdorp 1998, S. 62). Der als „Erfolgszone" bezeichnete **Spielraum zwischen Markenstarre und -aktionismus** muss individuell und branchenspezifisch bewertet werden (vgl. Recke 2011, S. 10).

Diese sog. dynamisch-kontinuierliche Markenführung entscheidet darüber, inwieweit die eigene Marke repositioniert werden kann und sollte. Entsprechend dem Grad der Repositionierung unterscheidet man in der identitätsbasierten Markenführung zwischen einer **revolutionären** und einer **evolutionären Repositionierung** (vgl. Feddersen 2010, S. 61).

> ▶ **Praxistipp** Repositionierungen brauchen Zeit – und die Unternehmen Geduld (und ein oft nicht unerhebliches Marketing-Budget), bis erste Ergebnisse im Tracking (z. B. Image-Abfragen) sichtbar sind. Bevor eine neue Positionierung von den Konsumenten gelernt wird, müssen alte Assoziationen mit der Marke zunächst geschwächt werden (vgl. Burmann et al. 2015, S. 147). Wichtig ist, die Strategie fundiert vorzubereiten, konsequent zu kommunizieren und der neuen Markenpositionierung Zeit zu geben, bei den Konsumenten zu wirken.

Die Repositionierung von Marken ist mindestens so komplex wie die Positionierung selbst. Eine detailliertere Betrachtung finden interessierte LeserInnen z. B. bei Feddersen (2010) oder – für eine Beurteilung des Repositionierungsspielraums – bei Recke (2011).

Häufig geht die Repositionierung einer Marke mit einer Veränderung ihrer verschiedenen Branding-Elemente einher. Das **Re-Branding** ist oft mit einer

Änderung des **Markennamens** verbunden (vgl. Feddersen 2010, S. 32), wird in der Praxis allerdings auch als Bezeichnung für die Neugestaltung eines Markenauftritts genutzt. Die verschiedenen Elemente, die entsprechend der Soll-Positionierung gestaltet werden sollten, sind im folgenden Kapitel dargestellt.

Positionierung in den Dimensionen des Marketing-Mixes

4

Obwohl die **4P des Marketings** – Product, Price, Place, Promotion – im eigentlichen Verständnis **Marketing-Instrumente** darstellen (vgl. Meffert et al. 2008, S. 22) und entsprechend der Einordnung in die Markenstrategie (vgl. Abschn. 3.1) der Umsetzung der Positionierung dienen sollen, wird in der Praxis gleichzeitig oft von einer eigenen Produkt-, Preis- oder Marktpositionierung gesprochen.[1] In den folgenden Abschnitten wird aufgearbeitet, inwieweit diese Formen der Positionierung unabhängig existieren und wie sie in die ganzheitliche Markenpositionierung einzuordnen sind. Das klassische Verständnis der 4P als reine Marketing-Instrumente zur Erreichung der vorab festgelegten Soll-Positionierung wird hier also zugunsten eines **ganzheitlichen Positionierungsansatzes** aufgebrochen.

Ausdrücklich handelt es sich nicht um eine vollständige Beschreibung zur Ausarbeitung des Marketing-Mixes, sondern um eine Übersicht der wichtigsten Positionierungsentscheidungen.

4.1 Die Wirkung der Marke als Rahmen für das Angebot

In Abschn. 2.1.1 wurde dargelegt, dass Marken ihre Wirkung vor allem implizit entfalten. In seiner Nobelpreisrede veranschaulichte Daniel Kahneman diesen Effekt anhand des **Figur-Grund-Prinzips:** Dieses beschreibt, dass unsere Wahrnehmung eines Reizes (insb. visuell, aber auch über andere Sinneskanäle) vom Umfeld abhängig ist (vgl. Böhringer et al. 2014, S. 59). Abb. 4.1 veranschaulicht den Effekt: Die kleinen Rechtecke scheinen im Vordergrund zu liegen („Figur").

---

[1]Vgl. auch Arnott (1993, S. 5), der auf die Existenz zahlreicher, oft unscharf verwendeter Positionierungsbegriffe wie Wettbewerbspositionierung, Image-Positionierung, emotionale Positionierung, Premium-Positionierung etc. hinweist.

© Der/die Autor(en), exklusiv lizenziert durch Springer Fachmedien Wiesbaden GmbH, ein Teil von Springer Nature 2020
B. Kallweit, *Ganzheitliche Markenpositionierung*, essentials,
https://doi.org/10.1007/978-3-658-32510-7_4

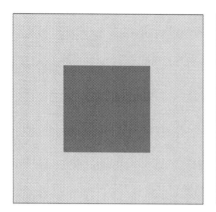

Abb. 4.1 Das Figur-Grund-Prinzip. (Quelle: eigene Darstellung in Anlehnung an Böhringer et al. 2014, S. 59)

Durch die verschiedenfarbigen Hintergründe („Grund") wirken sie unterschiedlich hell – obwohl sie sich objektiv nicht voneinander differenzieren.

Die Übertragung dieses Prinzips auf die Markenführung, dargestellt in Abb. 4.2, bedeutet: **Starke Marken wirken als Hintergrund,** der die subjektive Wahrnehmung von Produkten oder Services, aber auch z. B. der Preispositionierung eines Unternehmens beeinflusst. Weil die Marke dabei als Rahmen für das Angebot verstanden werden kann, spricht man auch vom sog. **Framing-Effekt**

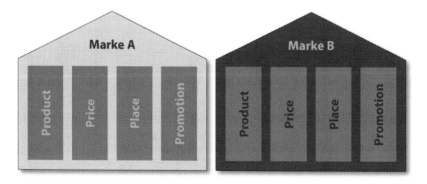

Abb. 4.2 Die Übertragung des Figur-Grund-Prinzips auf die Wirkung von Marken

(vgl. Scheier und Held 2012, S. 40). Mit der Positionierung wird festgelegt, wie der Rahmen aussehen soll, in dem Verbraucher die Produkte und Angebote eines Unternehmens wahrnehmen und bewerten sollen. Ein attraktiver oder abstoßender Rahmen strahlt dabei auch entsprechend auf den Inhalt ab.

Durch die hohe Bedeutung der Marke für das gesamte Angebot eines Unternehmens ergeben sich zentrale Entscheidungen zu Elementen, die passend zur Positionierung gestaltet werden müssen.

Markenname

„In der Positioning-Ära ist die wichtigste Entscheidung im Marketing die **Wahl eines Namens,** der dann zur Marke werden kann." Ries und Trout (2012, S. 61) widmen der Auseinandersetzung mit Markennamen daher gleich mehrere Kapitel in ihrem Werk zur Positionierung und erläutern, dass ein passender Name erforderlich ist, um eine Marke oder ein Produkt in den Köpfen der Konsumenten zu verankern.

Die **Herausforderungen bei der Wahl eines Namens** sind dabei vielfältig und komplex: Emotional sollte er sein. Leicht zu merken, nicht zu schwer zu schreiben und zu sprechen – aber keinesfalls langweilig. Unbedingt anders als der Wettbewerb, aber irgendwie vertraut. Zusätzlich sollte die Anwendbarkeit im digitalen Marketing berücksichtigt werden – neben der Domain haben zahlreiche Social-Media-Kanäle ihre eigenen Regeln für die Profil-Namen (vgl. Watkins 2019). Hinzu kommt die Notwendigkeit, die Schutzfähigkeit des Namens zu berücksichtigen, um Missbrauch durch den Wettbewerb rechtlich abzusichern (vgl. Meffert et al. 2008, S. 382).

Zahlreiche Studien zeigen, dass sich unsere **Erwartungshaltung** abhängig vom Namen verändert: Personen mit bekannteren Namen haben beispielsweise größere Chancen, Wahlen zu gewinnen oder in der Schule besser bewertet zu werden. Auch die „Schweineinsel" Hog Island in der Karibik wurde erst nach ihrer Umbenennung in Paradise Island positiver wahrgenommen (vgl. Ries und Trout 2012, S. 61 ff.). Die zahlreichen Erfolgsgeschichten und Fails belegen also, dass die Namenswahl einen großen Teil des Rahmens darstellt, in dem wir Marken und Produkte bewerten.

Internationale Positionierung

Soll eine Marke international aufgebaut werden, stellt dies besondere Herausforderungen an die Namensfindung: Nicht nur die rechtliche Schutzfähigkeit des Namens, sondern auch **Bedeutung und Aussprache** müssen für die unterschiedlichen Zielgruppen berücksichtigt werden. Während Markenzeichen und weitere

Elemente des Corporate Designs jedoch angepasst werden können, um in verschiedenen Märkten zu funktionieren, sollte die **länderübergreifende Wirkung der Positionierung** strategisch gut durchdacht werden.
Der langjährige Glaube, dass eine Marke nur mit einem einheitlichen Image international erfolgreich sein kann, ist mittlerweile einem differenzierteren Verständnis gewichen: Zahlreiche Beispiele zeigen, dass global aufgestellte Marken nicht in jedem Markt gleich positioniert sein müssen. Um den individuellen Anforderungen der Zielgruppen gerecht zu werden, kann auch eine **Positionierungsanreicherung** oder eine **Positionierungsinkongruenz** sinnvoll sein. Im ersten Fall nimmt das Unternehmen in einer oder mehreren Positionierungsdimensionen international die gleiche Position ein, reichert diese Kernpositionierung jedoch länderspezifisch durch zusätzliche Dimensionen an. Bei der Positionierungsinkongruenz bleibt der Positionierungsraum international gleich, und die Marke wird auf einer oder mehrerer der Dimensionen bewusst unterschiedlich positioniert (vgl. Strebinger 2010, S. 349).

Markenarchitektur

Entscheidungen zu lokal adaptierten Positionierungen und der Auswahl von passenden Markennamen gehen oft Hand in Hand mit der **Strukturierung des Markenportfolios.** Um bei Diversifizierung eines Angebots eine Marke nicht zu verwässern, sollte eine entsprechende **Markenarchitektur** aufgebaut werden: Bei einer **Multimarkenstrategie** werden dabei i. d. R. verschiedene Märkte angesprochen (z. B. Metro, Media Markt und Kaufhof), während sich das Angebot bei einer **Mehrmarken- oder Parallelmarkenstrategie** an denselben Markt richtet (z. B. Volkswagen Konzern, vgl. Schmidt 2015, S. 59).
Zusätzlich zur Entscheidung, ob mehrere Marken eines Unternehmens ähnliche oder unterschiedliche Märkte ansprechen, muss die Beziehung der einzelnen Marken zueinander festgelegt werden. Grundsätzlich kann man dabei zwischen

- **Einzelmarken** (jedes Produkt stellt eine Marke dar),
- **Familienmarken** (alle Produkte einer Produktlinie werden unter einer Marke geführt) und
- **Dachmarken** (sämtliche Produkte eines Unternehmens werden unter einer Marke angeboten)

unterscheiden (vgl. Esch und Bräutigam 2005, S. 842). Detailliertere Optionen, eine funktionierende Markenarchitektur zu gestalten, werden z. B. von Aaker und Joachimsthaler (2000) beschrieben und mit entsprechenden Beispielen hinterlegt.

4.2 Besonderheiten der Produktpositionierung

Bei der Gestaltung ihrer Markenarchitektur stehen Unternehmen häufig im **Spannungsfeld zwischen Synergien und Eigenständigkeit der Marken.** Ein großer Anteil dieser Erwägungen entfällt dabei auf die **Ausgestaltung des Produktprogramms,** dessen Rahmen durch die jeweiligen Strukturen vorgegeben wird. So profitieren Produkte von BMW beispielsweise vom Image und der Bekanntheit der Unternehmensmarke, sind jedoch in ihrem individuellen Positionierungsspielraum eingeschränkt (vgl. Esch und Bräutigam 2005, S. 857).

In diesem Abschnitt soll erläutert werden, inwieweit eine eigenständige Produktpositionierung möglich ist und welche Auswirkungen die Positionierung auf individuelle Produktentscheidungen hat.

4.2.1 Möglichkeiten der Produktpositionierung und deren Einordnung in die Markenstrategie

Sie haben mittlerweile gelernt, dass eine erfolgreiche Positionierung immer von der Wahrnehmung der Konsumenten abhängt. Zahlreiche Beispiele zeigen, dass die geschickte Kommunikation eines für die Zielgruppe relevanten Nutzens über Erfolg oder Misserfolg eines Produktes entscheiden kann. Deshalb wird oft die Frage aufgeworfen, inwieweit eine **Produktpositionierung** überhaupt existiert, da die Wahrnehmung und nicht das Produkt selbst mithilfe der Positionierung beeinflusst werden soll (vgl. Ries und Trout 2012, S. 2).

Gleichzeitig ist Ihnen vielleicht aufgefallen, dass eine Unterscheidung zwischen Marke und Produkt im Sprachgebrauch häufig nicht trennscharf ist. Das liegt einerseits daran, dass Produkte (oder Dienstleistungen) die Marke für ihre Kunden „greifbar" und erlebbar machen. Die Produkte beeinflussen damit direkt die **Markenstärke**[2], die durch die Dimensionen **Brand Loyalty, Brand Awareness, Perceived Quality, Brand Associations** und **Brand Assets** abgebildet werden kann (vgl. Aaker 1991; Yoo und Donthu 2001). Diese Dimensionen werden in vielen Fällen von den Produkten geprägt.

Zusätzlich wird die strikte Trennung zwischen Produkt und Marke dadurch erschwert, dass viele bekannte Produkte gleichzeitig eine sog. **Herstellermarke**

---

[2]Im Kontext der Positionierung handelt es sich i. d. R. um die „Customer-based Brand Equity", vgl. Abschn. 2.1.2.

bzw. **Produktmarke** darstellen. Ein Produkt kann also auch als Einzelmarke verstanden werden, das in die entsprechende Markenarchitektur des Unternehmens eingeordnet werden muss (vgl. Meffert 2008, S. 370).

Mit diesem Verständnis wird deutlich, dass auch ein Produkt positioniert werden kann. Wichtig ist dabei jedoch die Klarstellung: Eine „echte" Produktpositionierung findet über **rationalen und emotionalen Kundennutzen,** die von der Zielgruppe **wahrgenommene Differenzierung** und einen **klaren Beitrag zur Kernkompetenz der Marke** statt. Ein Kunde kauft ein Produkt dabei lediglich, wenn es im Vergleich zu subjektiv relevanten Wettbewerbern (Consideration Set) einen positiven Nettonutzen verspricht (vgl. Trommsdorff 2007, S. 343). In der Praxis wird als Produktpositionierung hingegen häufig die bloße Auswahl einer Zielgruppe und eine technische Beschreibung der Produkteigenschaften als vermeintliche USPs bezeichnet.

Die Frage, ob eine eigenständige Produktpositionierung existiert, wird nicht von allen AutorInnen gleich beantwortet. Wird jedoch das **Produkt als Einzelmarke im Zusammenspiel einer Markenarchitektur** verstanden, kann eine **Positionierung nach den gleichen Kriterien wie für übergeordnete Marken** erfolgen. Um die Positionierung zu operationalisieren, sollten alle Produktentscheidungen an ihr ausgerichtet werden.

4.2.2 Die Positionierung als Rahmen für Produktentscheidungen

So wie die Marke einen Rahmen für die Produkte darstellt (Framing), bildet auch die Positionierung einen Rahmen, innerhalb dessen einzelne Produktentscheidungen getroffen werden können. Um eine stimmige Wahrnehmung bei den Konsumenten zu erzeugen und eine starke Marke aufzubauen, sollten die folgenden Entscheidungen immer im Kontext der Positionierung betrachtet werden.

Portfolioentscheidungen

Einer der größten Fehler, der oft beim Aufbau einer klaren Positionierung gemacht wird, ist eine **zu starke Diversifizierung des Angebots,** die im Ergebnis die Marke verwässert. Viele Unternehmer (insbesondere Berater oder Dienstleistungsanbieter) haben Angst davor, „nein" zu sagen und auf ein Angebot zu verzichten – einhergehend mit der Befürchtung, dadurch potenzielle Kunden zu verlieren. Die Realität zeigt jedoch, dass die Wahrnehmung als „Gemischtwarenladen" oft mit wirtschaftlichen Einbußen und einer höheren Belastung für die Unternehmen einhergeht. Wichtig ist zudem das Verständnis, dass auch ein klar auf eine Zielgruppe ausgerichtetes Angebot von anderen Kunden gekauft werden kann und darf. Die Befürchtung, durch eine klare Positionierung das eigene Verkaufspotenzial einzuschränken, ist in den meisten Fällen also unbegründet (vgl. Urban und Klein 2016, S. 29 ff.; Sawtschenko 2012, S. 47 f.). Bei der Entscheidung, ob ein Produkt oder Service angeboten werden soll, geht es im ersten Schritt um die Frage, ob ein **grundsätzlicher Fit zur Markenpositionierung** besteht. Nur wenn sichergestellt ist, dass das Produkt die übergeordneten Ziele stützt und sich auch aus Konsumentensicht stimmig ins Portfolio der Marke einordnet, wirkten Marke und Produkt authentisch. Im zweiten Schritt kann erarbeitet werden, **welche Rolle** das Produkt innerhalb des Portfolios einnimmt: Die Zielgruppe und die der Positionierung entsprechende Produktsubstanz sollten sich von den anderen Produkten des Unternehmens differenzieren und so einen **Mehrwert gegenüber dem bestehenden Angebot** stiften.

Nutzung von Synergien über Mehrmarkenstrategien
Der grundsätzliche Anspruch einer erfolgreichen Positionierung, differenzierend gegenüber anderen Angeboten zu sein, wurde in diesem essential mehrfach hervorgehoben. Auf der anderen Seite sind viele Unternehmen gezwungen, aufgrund von hohem Kostendruck oder eingeschränkten Ressourcen (z. B. in der Entwicklung), **Synergien** zu realisieren.

Durch eine gut durchdachte **Mehrmarkenstrategie** entstehen bei der Gestaltung des Produktprogramms **Synergiepotenziale.** In der Automobilindustrie hat sich beispielsweise die parallele Führung mehrerer (mehr oder weniger) selbstständiger Marken weitestgehend durchgesetzt: Die **Marktabdeckung wird vergrößert, Risiken werden gestreut** und durch die eigenständige Positionierung können **unterschiedliche Kunden und Wettbewerber fokussiert** werden (vgl. Diez 2015, S. 416 f.). Die Anbieter von FMCGs[3] realisieren Synergien häufig über ein **gleichzeitiges Angebot von Herstellermarken und Handelsmarken.** Die „No-Name-Produkte" werden dabei unter dem Label des jeweiligen Händlers angeboten und ihre Produktsubstanz unterscheidet sich oft nicht oder nur geringfügig vom Original (vgl. Schneider 2015).

Die Annahme, dass jede neue (Produkt-)Marke zusätzliche Kunden generiert, ist in vielen Fällen zutreffend. Entscheidend ist jedoch, diese im Verhältnis zur **zusätzlichen Komplexität** in der Markenführung und der **Kannibalisierung** des bestehenden Angebots zu bewerten. Je ähnlicher sich die Produkte sind,

---

[3]Fast Moving Consumer Goods – Konsumgüter des täglichen Bedarfs (z. B. Nahrungsmittel oder Körperpflegeprodukte), die schnell im Verkaufsregal „wechseln".

desto höher ist der Aufwand, diese in der Wahrnehmung der Konsumenten zu differenzieren.

Nachhaltige Differenzierung über die Produktsubstanz
Bei der Betrachtung der USPs stellte Reeves (2017, S. 46) fest: „The better product, advertised equally, will win in the long run" – um eine starke Position langfristig halten zu können, benötigen Unternehmen auch in der **Produktsubstanz** einen Wettbewerbsvorteil, um nicht in ihren Kommunikationsmaßnahmen vom Wettbewerb kopiert oder überholt werden zu können.

Die Effizienzen und Kostenvorteile, die durch Synergien realisiert werden können, sollten daher sorgfältig abgewogen werden. Beim Angebot technisch ähnlicher Produkte erfolgt die Unterscheidung für Konsumenten über die Marke. Eine zu hohe Standardisierung kann zu einem **Verlust der unterschiedlichen Markenidentitäten** führen (vgl. Diez 2015, S. 83 und S. 418) – insbesondere Premiumanbieter sollten daher sicherstellen, dass die Positionierung durch eine entsprechende Produktsubstanz authentisch wahrgenommen wird.

Eine der größten **Herausforderungen bei der Ableitung von konkreten Produktmerkmalen** besteht häufig darin, die in der Analyse stark verdichteten Positionierungsdimensionen wieder in relevante Eigenschaften aus Kundensicht zu „übersetzen". Wird durch die Positionierung eines Fahrzeugs beispielsweise eine „hohe Alltagstauglichkeit" gefordert, kann diese u. a. in einer bestimmten Sitzposition, einem großen Kofferraum zum Transport sperriger Gegenstände, aber auch in einem kleinen Wendekreis für Stadtfahrten umgesetzt werden (vgl. Diez 2015, S. 78). Um die Entwicklung „am Kunden vorbei" zu vermeiden, ist ein enges Zusammenspiel zwischen Markenstrategie, Produktmarketing oder -management sowie den Entwicklungsabteilungen erforderlich. Oft hilft es, die Diskussion anhand der kreierten Personas (vgl. Abschn. 3.2.3) zu führen.

Die Ausplanung von Eigenschaften bildet meist den funktionalen Nutzen ab (vgl. Burmann et al. 2015, S. 58). Die Positionierung gibt dabei vor, welche Anforderungen an das Produkt umgesetzt werden sollen. Dabei muss berücksichtigt werden, dass nicht nur herausragende USPs, sondern auch als selbstverständlich vorausgesetzte Ansprüche der Kunden erfüllt werden müssen. Das vom japanischen Qualitätsforscher **Kano** entwickelte **Modell der Kundenzufriedenheit** eignet sich dafür, die verschiedenen Anforderungen zu klassifizieren:

- Die sog. **Basisanforderungen** (must-be requirements) werden als selbstverständlich vorausgesetzt und führen als „Hygienefaktoren" zu Unzufriedenheit, wenn sie nicht erfüllt werden.

- Die **Leistungsanforderungen** (one-dimensional requirements) werden explizit gefordert und steigern die Kundenzufriedenheit proportional zu ihrer Ausprägung. Oft erfolgt der Vergleich dieser Merkmale mit anderen Anbietern.
- Den größten Einfluss auf die Zufriedenheit besitzen die **Begeisterungsanforderungen** (attractive requirements), die zu positiven Überraschungen beim Kunden führen und daher nicht erwartet werden (vgl. Matzler und Hinterhuber 1998; Dillerup und Stoi 2016, S. 831).

Die Unterscheidung zeigt einerseits, dass **nicht nur USPs relevant** für die Produktentwicklung sind, sondern auch Basisanforderungen erfüllt werden müssen, die oft nicht ausdrücklich genannt werden. Zusätzlich wird deutlich, dass das größte USP-Potenzial – die Kreation eines Begeisterungsfaktors – nicht von den Kunden gefordert wird und daher wahrscheinlich in der Marktforschung nicht direkt sichtbar ist.

Eine Bewertung der jeweiligen Eigenschaften für den Gesamtnutzen des Produkts sowie Alternativen, wie diese gebündelt werden können, kann durch Choice Modeling und Conjoint-Analysen weiter verfeinert werden. Eine Übersicht finden interessierte LeserInnen beispielsweise bei Albers (2007).

4.2.3 Die Visualisierung von Produktpositionierungen

In Abschn. 4.2.1 wird deutlich, dass die Anforderungen an eine Produktpositionierung sich nicht von denen an Markenpositionierungen unterscheiden. Daher kann auch die Visualisierung in gleicher oder ähnlicher Form erfolgen und um weitere Werkzeuge ergänzt werden. Da die Positionierung von Produkten in der Praxis häufiger vorkommt als die ganzer Marken, werden die wichtigsten Werkzeuge sowie ihr Einsatzzweck in der Produktpositionierung im Folgenden kurz zusammengefasst:

Darstellung der angesprochenen Kundengruppen
Eine der häufigsten als „Produktpositionierung" bezeichneten Darstellungen ist die Abbildung einer Kundensegmentierung (z. B. Limbic® Map, Sinus oder eine individuell für das betrachtete Produkt relevante Segmentierung), in der die Zielgruppe eines Produktes gekennzeichnet wird. Über **Heatmaps** kann abgebildet werden, welche Käufergruppen ein Produkt heute kaufen. Weiterhin kann das eigene **Produkt im Verhältnis zu internem und externem Wettbewerb** beurteilt

werden. Wie in Abschn. 3.2.1 beschrieben, stellt die Festlegung der Zielgruppe allein jedoch noch keine vollständige Positionierung dar.

Darstellung in Positionierungsräumen
Die in Abschn. 3.3 beschriebenen Positionierungsräume werden im Kontext der Produktpositionierung auch als Produkt-Markt-Räume bezeichnet (vgl. Diez 2015, S. 74). Je nach Fragestellung kann ein Produkt dabei im Positionierungsraum der (übergeordneten) Marke verortet werden, um beispielsweise die Rolle im internen Portfolio zu beschreiben. Für die detailliertere Betrachtung im Wettbewerbsumfeld können segmentspezifische Wahrnehmungsräume abgefragt und visualisiert werden.

Semantische Differenziale und Eigenschaftsprofile
Um ein bestehendes Image zu messen, können die Dimensionen über **semantische Differenziale** abgefragt werden. Im Vergleich zu den reduzierten Positionierungsräumen können die entstehenden **Polaritätenprofile** auch eine **größere Anzahl an Kriterien** abbilden. Sie stellen daher eine gute **Ergänzung der Positionierungsräume** dar. Bei mehreren Produkten werden sie jedoch schnell unübersichtlich, und insbesondere bei längeren „Listen" geht der Fokus verloren, welche Dimensionen tatsächlich positionierungsrelevant sind.
Häufig wird die Form der semantischen Differenziale auch zur Abbildung konkreter **(Soll-)Eigenschaftsprofile** verwendet. Eine Variante stellt die sog. **Eigenschaftsspinne** dar, die insb. aus der Automobilindustrie bekannt ist (vgl. Rudolph et al. 2013, S. 22). Die Soll-Profile stellen die in Abschn. 4.2.2 beschriebene Übertragung der Positionierung in die Produktsubstanz bzw. konkrete Eigenschaften dar.

Portfoliodarstellungen
Häufig werden, vorbereitend für die Produktpositionierung, verschiedene **Portfolioanalysen** erarbeitet. Diese bilden nicht zwingend die Positionierung über die Wahrnehmung der Konsumenten ab, ergänzen sie jedoch. Je nach Einsatzzweck können **Portfoliodarstellungen** das Angebot nach verschiedenen Kriterien darstellen (z. B. **regionale Abdeckung, bediente Marktsegmente, Volumen-, Premium- und Luxusmarkt**). Ein gängiges Instrument ist auch die **Vier-Felder-Matrix der Boston Consulting Group,** die das Produktportfolio entsprechend dem Marktanteil und dem Marktwachstum einteilt.

4.3   Die Preisgestaltung als Positionierungsstrategie

Die Preisgestaltung bestimmt als ein Schlüsselelement der Marketingentscheidungen direkt das Kundenverhalten und den ökonomischen Erfolg eines Unternehmens (vgl. Husemann-Kopetzky 2020, S. 1). Häufig werden die Zahlungsbereitschaft oder der Preis eines Produktes daher als Dimension der Kundensegmentierung oder des Positionierungsraumes verwendet. In diesem Abschnitt soll einerseits das Zusammenspiel zwischen Marken- und Preispositionierung erläutert werden, andererseits die häufig als Positionierungsstrategie vorgeschlagene Niedrigpreispositionierung diskutiert werden.

4.3.1   Der Preis im Zusammenspiel mit der Markenpositionierung

Grundsätzlich gilt: Die angestrebte **Preispositionierung** muss der Markenpositionierung und der Rolle des Produktes im Portfolio entsprechen – schließlich stellt der Preis einen Teil des (funktionalen, ökonomischen) Kundennutzens dar (vgl. Burmann et al. 2015, S. 58). Dass Kunden bereit sind, für ein Markenprodukt mehr zu zahlen als für eine funktional gleichwertige Alternative, zeigt den **Einfluss der Marke auf die Preiswahrnehmung.**[4] Diese findet subjektiv statt, sodass verschiedene Parameter beeinflussen können, ob ein Preis aus Kundensicht als „zu günstig", „akzeptabel" oder „zu teuer" bewertet wird (vgl. Husemann-Kopetzky 2020, S. 7). Die **Marke fungiert auch hier als Referenzrahmen,** der unbewusst als Vergleich herangezogen wird. Ein beliebtes Beispiel ist der – objektiv betrachtet überdurchschnittlich teure – Kaffee von Starbucks, dessen Preis durch den Frame der Markenpositionierung als „Kurzurlaub" plötzlich normal oder angemessen erscheint (vgl. Scheier und Held 2012, S. 77).

Eine starke Marke und eine geschickt gewählte Positionierung erlauben also, ein **Preispremium** für die eigenen Produkte zu verlangen. Durch eine attraktive Marke oder ein interessantes Produkt wird unser **Belohnungszentrum aktiviert.** Gleichzeitig werden **Preise im Gehirn als Schmerz verarbeitet.** Bei der Wahl der Preispositionierung muss daher berücksichtigt werden, dass der empfundene **Nettonutzen,** der durch die Verrechnung von Belohnung und Schmerz im Kopf des Kunden entsteht, positiv ist (vgl. Scheier und Held 2012, S. 148 f.). Der

---

[4]Die Analyse von Schneider (2015) veranschaulicht dies: Ein Vergleich von bekannten Marken mit den Alternativen aus dem Handel zeigt, dass die „No-Name-Produkte" trotz gleicher Hersteller und Zutaten bis zu 79 % günstiger als das Markenprodukt angeboten werden.

Preis muss also angemessen zur subjektiven Wahrnehmung der Kunden gestaltet werden. Abb. 4.3 verdeutlicht die Zusammenhänge zwischen dem Markenwert als Indikator für eine starke Marke, dem Preis und dem Absatz.

Studien zeigen, dass diese subjektive Wahrnehmung oft alles andere als „vernünftig" entsteht – die sog. **neoklassische Theorie,** die von einem rational handelnden Menschen ausgeht, weicht daher zunehmend verschiedenen Erkenntnissen aus der **Behavioral-Pricing-Forschung,** die die Verarbeitung von Preisinformationen und ihren Einfluss auf unser Entscheidungsverhalten untersucht. Das Spektrum der Möglichkeiten, die Preiswahrnehmung zu beeinflussen, ist dabei vielseitig und reicht von der Konzeption von Produktangeboten (z. B. Bundles) über die numerische Gestaltung (z. B. gerundete Zahlen, Nachkommastellen) bis hin zur visuellen Gestaltung (Kontrast, Größe, Farben etc.). Kompakte Übersichten finden interessierte LeserInnen z. B. bei Husemann-Kopetzky (2020) sowie Kalka und Krämer (2020).

Bei der **Festlegung der Preispositionierung** muss beachtet werden, dass für die Preiswahrnehmung nicht immer der Verkaufspreis ausschlaggebend ist. Beim

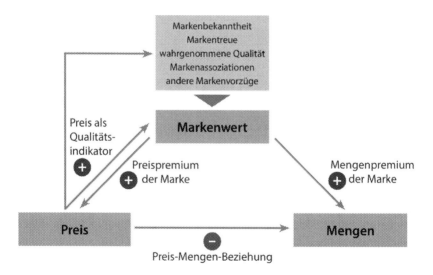

Abb. 4.3 Das Magische Dreieck aus Markenwert, Preis und Mengen. (Quelle: eigene Darstellung in Anlehnung an Simon und Janssen 2005, S. 1384 f.)

Kauf eines Autos kann die Positionierungsdimension „gutes Preis-Leistungs-Verhältnis" zusätzlich zum niedrigen Listenpreis beispielsweise aus einer günstigen Versicherung, einem geringen Kraftstoffverbrauch oder einer umfangreichen Serienausstattung bestehen (vgl. Diez 2015, S. 78). Es muss also branchenindividuell geprüft werden, welche Aspekte der Preisgestaltung für die Käuferschaft relevant sind.

Die **marken- und produktgerechte Preispositionierung** ist einer der größten Hebel für Unternehmen, um die Kaufentscheidung zu beeinflussen. Jedoch wird nicht nur der Preis durch die Positionierung bestimmt, sondern kann umgekehrt auch zur gewünschten Wahrnehmung beitragen: Insbesondere bei **Premium- oder Luxusgütern** suggeriert ein hoher Preis bei den Nachfragern beispielsweise oft Qualität und lässt die eigene Marke begehrenswerter erscheinen. Durch das Vertrauen, das Konsumenten einer Marke entgegenbringen, kann ein höherer Preis angemessen sein, um dem subjektiven Wertempfinden zu entsprechen (vgl. Kalka 2020, S. 58).

Trotz der Chance, durch eine Expertenpositionierung und/oder den Aufbau einer starken Marke eine höhere Zahlungsbereitschaft zu erzielen, zählt die Preisführerschaft zu einer der bekanntesten Positionierungsstrategien. Im nächsten Abschnitt werden daher die Chancen und Risiken gegeneinander abgewogen.

4.3.2   Chancen und Risiken der Positionierung über Preisführerschaft

Eine der bekanntesten Wettbewerbsstrategien stellt die **Preisführerschaft** dar. Unter den Positionierungsstrategien nimmt sie eine umstrittene Sonderstellung ein, da sie nur unter bestimmten Voraussetzungen empfohlen wird – und mit zahlreichen Risiken für die Marke einhergeht. Dass sie dennoch so beliebt ist, resultiert aus der Bedeutung des Preises für die Kaufentscheidung der Kunden.

Chancen einer Niedrigpreispositionierung
Starke Marken erzielen eine höhere Preisbereitschaft – für weniger bekannte Anbieter oder in Verbindung mit der „Me-Too-Positionierung" stellt der Preis daher eine interessante Möglichkeit dar, den Kunden im direkten Vergleich mit der Konkurrenz zum Kauf des eigenen Angebotes zu bewegen. Dies funktioniert z. B., indem ein qualitativ gleichwertiges Produkt für einen geringeren Preis angeboten wird (häufig in der IT-Branche zu finden) oder indem zugunsten eines geringeren Preises bewusst auf einen Teil der Leistung verzichtet wird (z. B. bei Discountern, vgl. Großklaus 2015, S. 19).

Da der Preis als Schmerz verarbeitet wird, kann durch seine Reduktion der subjektive Nettonutzen erhöht und damit die Kaufentscheidung zielsicher beeinflusst werden. Insbesondere, wenn keine wahrnehmbare Produktdifferenzierung erreicht wird und die Markenstärke nicht ausreicht, um zusätzlichen Nutzen zu vermitteln, setzen viele Unternehmen auf eine Niedrigpreisstrategie, um Marktanteile zu sichern (vgl. Simon und Janssen 2005, S. 1383).

Risiken der Positionierung über den Preis
In vielen Fällen ist die Positionierung über den Preis eine „Einbahnstraße", die nur kurzfristig erfolgversprechend ist: Zum einen ist es möglich, dass Wettbewerber ebenfalls billiger werden und der Vorteil damit vom Tisch ist. Durch regelrechte Rabattschlachten wird nicht nur die Rentabilität der Anbieter nachhaltig geschädigt, sondern auch die Frustration der Konsumenten erhöht, wenn diese ein vermeintliches Schnäppchen in einem anderen Geschäft noch billiger entdecken. Dazu kommt, dass eine Preissenkung von den Kunden gerne angenommen wird – eine Preiserhöhung wird jedoch selten akzeptiert, ohne mit einem Imageverlust einherzugehen (vgl. Sawtschenko 2012, S. 135 ff.).

Zum anderen kann eine Niedrigpreisstrategie zu einer schlechteren Beurteilung des tatsächlichen Warenwertes führen: „Was nichts kostet, ist nichts wert" oder „Qualität hat ihren Preis" sind gängige Vorurteile, die viele Menschen in sich tragen. Da der Preis häufig als Qualitätsindikator herangezogen wird, leidet bei einer Positionierung über den Preis mittelfristig auch der Markenwert (vgl. Simon und Fassnacht 2016, S. 167).

Für nachhaltigen Erfolg sollte eine Positionierung also niemals ausschließlich über den Preis erfolgen, sondern auf die Marken- und Unternehmensstrategie abgestimmt sein.

4.4 Positionierungsentscheidungen in der Distributionspolitik

Das dritte „P" der Marketinginstrumente steht für „Place". Üblicherweise beantwortet die Distributionspolitik die Frage, wie das Angebot für mögliche Kunden verfügbar gemacht wird. Obwohl dabei häufig der Begriff „Positionierung im Handel" fällt, stellt die Platzierung von Produkten per se keine selbstständige Positionierung i. S. des bereits beschriebenen Verständnisses dar. Die positionierungsbezogenen Entscheidungen der Distribution werden daher im Folgenden nur

kurz skizziert. Die Notwendigkeit, ein ganzheitliches und konsistentes Markener-
lebnis zu schaffen, wurde bereits erläutert und gilt auch für die Ausgestaltung des
„Place".

4.4.1 Positionierungs-Fit von Marke und Handel

Wie Marken oder Produkte können auch **Handelsbetriebe im Wahrnehmungsraum von Konsumenten positioniert** werden (vgl. z. B. Trommsdorff 1996).
In einer praxisorientierten empirischen Studie stellen Riedl und Wengler (2018)
beispielsweise dar, dass deutsche Biohändler anhand der Dimensionen „Kernkompetenz: Komplett Bio", „Vielfalt und Auswahl", „Wohlfühlfaktor", „Preise
und Online", „Non-Food" und „Frische" von den Konsumenten beurteilt werden.
Innerhalb dieses Positionierungsraumes können die Händler wie in Abschn. 3.3.2
beschrieben verortet werden.

Die Erkenntnisse über die wahrgenommene Position des Handels können
herangezogen werden, um die **markengerechte Auswahl der Vertriebskanäle**
sicherzustellen. Wichtig sind hier insbesondere der **Abgleich der Zielgruppe**
(„Bei welchem Händler kann ich meine Zielgruppe am besten erreichen?") und
der **Fit zur eigenen Positionierung** (z. B. „Passt meine gewünschte Wahrnehmung als Experte zum Vertrieb in einem Discounter?").

Auch die Betrachtung von **alternativen Distributionskonzepten** kann die
Produkt- und Markenpositionierung unterstützen: Erklärungsbedürftige Produkte
wie der Thermomix von Vorwerk oder die Haushaltshelfer von Tupperware setzen beispielsweise auf den Direktvertrieb, um das Vertrauen und die persönliche
Weiterempfehlung der hochpreisigen Produkte zu stärken. Eines der zentralen
Nutzenversprechen von Tupperware – die Garantie, defekte Produkte auch bis
zu 30 Jahre nach Kauf zu ersetzen – wird durch die Kommunikation der Werte
des Vertriebs zusätzlich unterstrichen: „Als Gründungsmitglied des Bundesverband Direktvertrieb Deutschland e. V. sind wir davon überzeugt, dass Vertrauen,
Ehrlichkeit und Fairness die Grundpfeiler eines sicheren und erfolgreichen Vertriebs sind." (Der Bundesverband Direktvertrieb 2020). Distributionskonzept und
Markenpositionierung gehen hier Hand in Hand.

4.4.2 Vertrieb und Positionierung in verschiedenen Regionen

In Abschn. 4.1 wurde dargestellt, welche Besonderheiten bei der internationalen Markenpositionierung zu berücksichtigen sind. Zusätzlich dazu stellt beim

internationalen Vertrieb von Produkten die **Vergleichbarkeit von Kundenanforderungen der Regionen** eine Herausforderung dar. Durch Marktforschung und Segmentierung können zwar die Kundengruppen und deren Lebensstile in verschiedenen Märkten herausgearbeitet werden – die Kunst ist jedoch, auch kulturelle Einflüsse und implizite Erwartungen zu berücksichtigen, um passende Marketing- und Produktentscheidungen ableiten zu können. Die Erwartung der Kunden, wie Positionierungsdimensionen wie beispielsweise „Qualität" oder „Preis-Leistungs-Verhältnis" ausgestaltet werden, kann in verschiedenen Märkten abweichen.

In einigen Branchen entscheidet zudem das **Händlernetz** darüber, inwieweit eine Positionierung umgesetzt werden kann. Insbesondere, wenn in zwei oder mehreren Märkten die Marktanteile stark abweichen, sind die Voraussetzungen für den Vertrieb – und damit verbunden beispielsweise die MitarbeiterInnen des Händlers als Markenbotschafter – sehr unterschiedlich. Wegen des hohen finanziellen und zeitlichen Aufwands, der für den Aufbau oder die Erweiterung eines Händlernetzes anfällt, sollte dieser Faktor vorab berücksichtigt werden.

4.4.3   Die Bedeutung der Positionierung im Onlinehandel

Seit einigen Jahren ist ein stetiger Zuwachs des Onlinehandels zu beobachten. Für den Markenaufbau ergeben sich dadurch Chancen, aber auch Risiken:

Die sozialen Medien ermöglichen es, zielgerichtete Informationen über die eigene Zielgruppe zu gewinnen und eine – verglichen mit anderen Absatzkanälen – **sehr feingliedrige Kundensegmentierung** bei der Schaltung von Anzeigen oder Angeboten durchzuführen. Mit durchdachten **Sales-Funnels** können Kunden dort „abgeholt" werden, wo sie sich im Kaufprozess befinden, und die jeweiligen Informationen erhalten, die für sie gerade relevant sind.

Die **Vielzahl der Möglichkeiten** überfordert jedoch einen Großteil der Unternehmen: Die Erstellung von individuellem, zielgruppenrelevantem Content ist kostspielig und zeitintensiv – insbesondere, da die Anforderung nach „echtem Mehrwert" von Posts und Beiträgen durch die Konsumenten, Algorithmen und Suchmaschinen laufend zunimmt. Besondere Vorsicht ist zudem bei der **Auswahl der Kanäle** geboten: Wirken diese nicht authentisch und passend zur Marke, kann der Markenwert erheblich beeinträchtigt werden.

Einige große Unternehmen kommen außerdem zu dem Schluss, dass das gehypte Performance-Marketing für den Verkauf von Produkten nicht besser geeignet sei als der klassische Markenaufbau. Das Beispiel von Adidas zeigt, dass die **Kommunikation von Marken-Inhalten die Verkäufe sogar besser treiben kann als gezielte Online-Produkt-Verkäufe** (vgl. W&V-Redaktion 2019). Kurzum: Die sozialen Medien und die Tendenz der Menschen, immer mehr Zeit online zu verbringen, bieten zahlreiche Möglichkeiten, die eigene Positionierung kundengerecht zu kommunizieren. Durch zielgruppenrelevante, verkaufspsychologisch optimierte Inhalte können die Stimmung der Konsumenten gezielt beeinflusst und die **Kaufbereitschaft** oder direkte Impulskäufe (insb. bei sog. Low-Involvement-Produkten) erhöht werden. Gleichzeitig ist das entsprechende Wissen notwendig, um die Komplexität des heutigen Online-Marketings für sich nutzen zu können, statt mit ungezielten Aktionen ins Leere zu laufen. Kommunikation und Vertrieb gehen hier Hand in Hand.

4.5 Die Rolle von Werbung und Kommunikation für die Positionierung

Um eine Positionierung nachhaltig zu etablieren, müssen Unternehmen mehr denn je um die Aufmerksamkeit der Konsumenten kämpfen, die durch die Vielzahl der auf sie einwirkenden Werbebotschaften überfordert sind (vgl. Abschn. 2.1.1). Damit das Markenwissen langfristig aufgebaut wird und eine starke Marke entstehen kann, sind die Anforderungen an die Kommunikation hoch: Um ins Gedächtnis der Konsumenten vorzudringen, muss die **Kernbotschaft kreativ und konsistent vermittelt** werden. Den Rahmen für die Kommunikationsaktivitäten bildet die kommunikative Positionierung.

4.5.1 Die kommunikative Markenpositionierung

Seit der ersten Definition von Ries und Trout (1969) steht außer Frage, dass die Kommunikation einen maßgeblichen Beitrag zum Aufbau einer Positionierung in den Köpfen der Konsumenten leistet. Das Verständnis, dass eine Positionierung nichts mit dem Produkt mache und lediglich die Wahrnehmung verändert werde, wird in diesem essential als **kommunikative Positionierung** bezeichnet. Abb. 4.4 zeigt schematisch die **außerordentliche Bedeutung der Kommunikation für die Positionierung:** Selbst wenn die grundsätzliche Positionierung eigenständig ist, wird sie – bei einer zu wenig differenzierten Umsetzung in der Werbung – als austauschbar wahrgenommen.

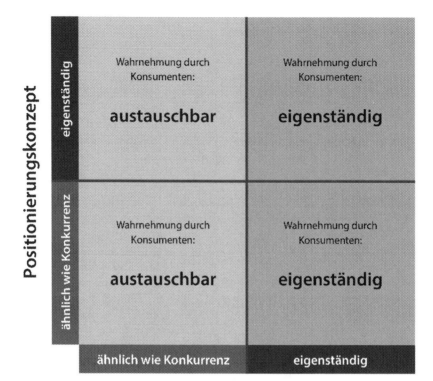

Umsetzung in der Werbung

Abb. 4.4 Die Wahrnehmung austauschbarer und eigenständiger Positionierungen in der Werbung. (Quelle: eigene Darstellung, angelehnt an die Idee von Esch 2005, S. 155)

Die Einteilung in Marken-, Produkt- und kommunikative Positionierung wird in Lehre und Praxis nicht einheitlich vorgenommen. Oft kommt es daher unternehmensintern zu Missverständnissen oder Konflikten.

Die Interpretation von Diez (2015, S. 367) steht stellvertretend für die gängige Sicht in technikaffinen Branchen (in diesem Fall der Automobilindustrie): „Die kommunikative Positionierung basiert auf der Produktpositionierung: Sie muss die gewählte Verortung der neuen Baureihe im Produktmarktraum verständlich und glaubhaft vermitteln. Dazu muss die Kommunikation inhaltlich auf einige wenige, herausstechende und das Modell charakterisierende Merkmale fokussiert werden." Es wird also angenommen, dass die Kommunikation auf einem bestehenden Produkt aufbaut. Im logischen Ablauf aus Unternehmenssicht ist diese Herangehensweise sinnvoll – prozessual betrachtet beschäftigen sich die Kommunikationsabteilungen oft deutlich später mit der Positionierung als beispielsweise das Produktmarketing oder entsprechende Strategieabteilungen.

Dennoch lässt das Zitat das **Problem vieler technokratischer Unternehmen** erahnen: Häufig werden einzelne Produktpositionierungen individuell und mit nur wenig Bezug zur Marke und dem damit verbundenen emotionalen Zusatznutzen betrachtet. Als Folge reduziert sich auch die Produktkommunikation auf überwiegend rationale Funktionen und Features, die als USPs beworben werden. Die Konsequenz ist, dass das volle Potenzial einer ganzheitlichen Positionierung der Marke nicht ausgeschöpft wird. Diez liegt mit seiner Einschätzung zwar nicht grundsätzlich falsch – insbesondere in Unternehmen mit starken technischen Entwicklungsabteilungen sollte jedoch verstärkt herausgestellt werden, dass **sowohl Produktpositionierung als auch Kommunikation konsequent aus der Markenpositionierung abgeleitet werden** bzw. einen klaren Beitrag dazu leisten sollten.

In den letzten Jahren ist erkennbar, dass das Denken „hin zur Marke" jedoch auch in technischen Branchen zugenommen hat. Nur ein Beispiel dafür sind die Ausgaben, die jährlich für die Werbespots beim Superbowl getätigt werden. Für nur 30 Sekunden Werbezeit fallen im Schnitt über fünf Millionen US-Dollar an – eine Investition, die Marken wie Google und Amazon, aber auch verschiedene Automobilhersteller auf sich nehmen, um mit emotionalen und kreativen Spots ihre Markenpositionierung zu unterstreichen (vgl. Rixecker 2020; Schneider 2019).

4.5.2 Impulse zur Umsetzung der kommunikativen Positionierung

Betrachtet man den Spot von Audi zum Superbowl 2020, in dem *Game-of-Thrones*-Star Maisie Williams – den Titelsong des erfolgreichen Animationsfilms *Die Eiskönigin* singend – für den Weg in eine vollelektrische Zukunft wirbt, können mehrere Elemente identifiziert werden, die auf die gewünschte Markenpositionierung einzahlen: Die eigene Geschichte des 1:15 Minuten langen Clips setzt auf Storytelling, das geschickt von Williams Image als „Prinzessin der Neuzeit" sowie der Botschaft „Let it go" und den mit dem gleichnamigen Lied verbundenen Emotionen profitiert (vgl. Schröter 2020). So wird Ries und Trouts Empfehlung, an etwas Bekanntem „anzudocken", umgesetzt. Generell eignet sich **Storytelling** gut zur Vermittlung einer Positionierung, da die unserem Gehirn bekannten Muster von Geschichten uns einerseits direkt „einfangen", Vertrauen aufbauen und ein intensiveres emotionales Erlebnis schaffen, andererseits die vermittelten Informationen besser im Gedächtnis bleiben (vgl. Pyczak 2017, S. 21 ff.).

Ein weiterer positiver Aspekt – neben ihrer Bekanntheit – ist Maisie Williams große **Reichweite in den sozialen Medien.** Der wichtige **Fit von Testimonial, Marke und Botschaft** des Spots wurde ebenfalls berücksichtigt: Williams engagiert sich auch persönlich für den Schutz des Klimas, und „trage gerne dazu bei, die Vision nachhaltiger Mobilität von Audi noch bekannter zu machen" (Schröter 2020). Somit wird die **Verbindung zur Unternehmensvision** „Unleash the beauty of sustainable mobility" hergestellt, die den bekannten Markenclaim „Vorsprung durch Technik" stärker vom Kunden her interpretieren soll. Die Rolle des Claims für die Positionierung wird in Abschn. 4.5.3 näher beleuchtet.

Die in Abschn. 2.1.1 vorgestellten Aspekte zum Aufbau einer starken Marke wurden in diesem Beispiel vorbildlich umgesetzt. Selbstverständlich stellen sie nur einen Teil der notwendigen Maßnahmen dar, um eine Positionierung zu kommunizieren – diese sollte sich grundsätzlich in allen Marketing- und Kommunikationsinstrumenten widerspiegeln. Für Orientierung sorgt beispielsweise die Beschreibung der Markenidentität in Form der **Markentonalität** und des **Markenbildes,** das u. a. durch das **Corporate Design** geprägt wird – vgl. dazu das in Abschn. 2.6 beschriebene Markensteuerrad nach Esch.

Um der Zielgruppe ein konsistentes Bild des Unternehmens zu vermitteln, müssen strategischer Rahmen und operative Umsetzung ineinandergreifen. Mit der sog. **integrierten Kommunikation** können Prozesse etabliert werden, die die Ausrichtung aller Kommunikationsaktivitäten an Positionierung und Markenstrategie verfolgen. Ziel ist, ein einheitliches und glaubwürdiges Erscheinungsbild bei allen internen und externen Zielgruppen des Unternehmens zu erzeugen und gleichzeitig von Synergiewirkungen durch den effektiven und effizienten Einsatz des Kommunikationsbudgets zu profitieren (vgl. Bruhn 2014, S. 97 f.). Eine Übersicht möglicher Kanäle, kommunikationspolitischer Instrumente sowie Tipps zum richtigen Einsatz im Rahmen der integrierten Kommunikation finden Sie beispielsweise bei Bruhn (2014).

4.5.3 Die Kommunikation der Positionierung über den Claim

Eine besondere Bedeutung für die Kommunikation der Positionierung nimmt der **Claim** (z. T. auch als **Slogan** bezeichnet) ein. Dieser stellt eine **prägnante Zusammenfassung der kommunikativen Botschaft** dar. In einer kurzen Phrase wird die Kernbotschaft von Marke oder Produkt transportiert und so die gewünschte Positionierung vermittelt (vgl. Meffert et al. 2008, S. 381).

Was einfach klingt, ist in der Praxis eine der kritischsten Entscheidungen im Rahmen der kommunikativen Positionierung. In nur wenigen Worten muss der Claim herausstellen, warum das eigene Angebot anders – und besser – als das des Wettbewerbs ist. Gleichzeitig muss den Konsumenten ein relevanter Nutzen vermittelt und ihnen damit ein Grund gegeben werden, sich für die Marke oder das Produkt zu entscheiden. Dabei muss bedacht werden, dass sich der Claim auch gegen eine oft übersehene Alternative der Konsumenten – nämlich gar nicht zu kaufen – durchsetzen muss (vgl. Bundelman und Kim 2019, S. 170).

Wichtige Voraussetzung für ein schnelles Verständnis der Botschaft ist die Beschränkung auf **eine zentrale Information.** Einer der häufigsten Fehler ist, durch das Anführen mehrerer Argumente die Prägnanz und Eingängigkeit der Werbebotschaft zu verwässern.

▶ Die Auswahl des USPs, der im Claim herausgestellt wird, geht erfahrungsgemäß mit einer langen und emotionalen Diskussion einher: Oft gehen die Meinungen, welcher Aspekt der stärkste ist, unternehmensintern auseinander. Nicht immer ist das technisch herausragendste Merkmal am besten geeignet, im Claim beworben zu werden, sondern auch das **Fehlen einer vermeintlich schädlichen Zutat** oder die **Betonung einer bislang unbeachteten Eigenschaft** kann eine erfolgreiche Positionierung bewirken (vgl. Felser 2015, S. 12).

Bei der Auswahl des zentralen USPs sollte daher immer wieder geprüft werden, ob die Kriterien einer erfolgreichen Positionierung – die Vermittlung eines kundenrelevanten Nutzens, die Differenzierung vom Wettbewerb und die Stimmigkeit zur eigenen Markenidentität – erfüllt werden. Hilfreich ist dabei, die zahlreichen aus der Segmentierung gewonnenen Kundeninformationen heranzuziehen und die Nutzenargumentation der Lebenswelt, der Persönlichkeitsstruktur und den Bedürfnissen der Zielgruppe anzupassen.

Das Erfolgsrezept zur Positionierung 5

Sollte Ihnen jemand versprechen, Ihr Unternehmen mit einer Erfolgsformel oder einem einfachen Schritt-für-Schritt-Rezept zur Positionierung an die Spitze des Marktes zu katapultieren, seien Sie gerne skeptisch. In diesem essential haben Sie gelernt, dass die Entscheidungen nicht nur hochkomplex sind, sondern auch in einer kontinuierlichen Rückkopplung zum Umfeld entstehen. Stellen Sie sich ein **Mobile** vor, in dem **Kunden, Wettbewerber, Kompetenzen und Ziele,** aber auch die **eigene Identität** und **Positionierung** mit allen daran hängenden Elementen der Markenführung in einem **vollständig vernetzten System** schwingen. Jedes Element, das Sie durch eine Maßnahme anstoßen, wirkt auch auf die Positionierung. Gleichzeitig bewegt eine Veränderung der Positionierung alle anderen Teile des Systems.

Ein Rezept mit Erfolgsgarantie gibt es für die Positionierung also nicht – wohl aber verschiedene **Schlüsselfaktoren,** die die Chance, eine stimmige Positionierung zu finden, deutlich erhöhen. Die folgenden **zehn Tipps für die Positionierung** fassen die Erkenntnisse dieses essentials zusammen und sollen Ihnen bei der erfolgreichen Anwendung helfen.

---

10 Tipps für die Positionierung

1. Eine Positionierung setzt sich aus drei Elementen zusammen, die Sie bei jeder Entscheidung systematisch berücksichtigen sollten: die Bedürfnisse und Wahrnehmung der Kunden, die Differenzierung gegenüber Ihren Wettbewerbern sowie der Fit zur eigenen Identität und den damit verbundenen Kompetenzen und Ressourcen.

© Der/die Autor(en), exklusiv lizenziert durch Springer Fachmedien Wiesbaden GmbH, ein Teil von Springer Nature 2020
B. Kallweit, *Ganzheitliche Markenpositionierung*, essentials, https://doi.org/10.1007/978-3-658-32510-7_5

2. Beginnen Sie, indem Sie sich einen fundierten Überblick über Kunden und Wettbewerber verschaffen. Dafür können Sie verschiedene Formen der Kundensegmentierung nutzen und mit weiteren Ergebnissen der Marktforschung ein Positionierungsmodell aufbauen. Sollten Ihnen – z. B., weil Sie als EinzelunternehmerIn gerade erst durchstarten – keine gezielt erhobenen Daten vorliegen, versuchen Sie, Kundengruppen und relevante Positionierungsdimensionen dennoch so gut wie möglich abzuschätzen.

3. Benennen Sie klar, welche Kunden Sie überzeugen möchten. Die Aussage „Unser Angebot richtet sich an alle Menschen" ist niemals empfehlenswert. Achten Sie bei der Auswahl Ihrer Zielgruppe auch darauf, dass diese heute und in Zukunft attraktiv ist, z. B. durch Beurteilung des Marktpotenzials, der Wettbewerbsdichte und durch die Einbindung von Trends.

4. Die in der Positionierung festgelegten USPs sollten einer kritischen Prüfung unterzogen werden: Ist der vermittelte Nutzen von den Kunden wahrnehmbar? Ist er auch aus Sicht der Nachfrager relevant? Die Positionierung berücksichtigt dabei sowohl die rationalen als auch die emotionalen Nutzenkategorien. Für die Ausarbeitung lohnt sich die Erarbeitung von Personas, die das Erkennen von bestehenden Bedürfnissen und die Ableitung konkreter Problemlösungen erleichtern.

5. Die Positionierung ist strukturell in den meisten Fällen in der Markenstrategie angesiedelt, hat jedoch enorme Auswirkungen auf die gesamte unternehmerische Ausrichtung. Berücksichtigen Sie daher bei ihrer Entwicklung die übergeordneten Unternehmensziele und sorgen Sie dafür, dass die beschlossene Soll-Positionierung sowie deren Konsequenzen auch in anderen Unternehmensbereichen bekannt sind, um eine einheitliche Zielrichtung sicherzustellen.

6. Kontinuität ist ein wesentlicher Erfolgsfaktor, um die Wahrnehmung in den Köpfen der Konsumenten in Richtung der gewünschten Positionierung aufzubauen. Da sich ein Markenimage nur langsam verändert, müssen Zeit und ein ausreichendes Budget für entsprechende Kommunikationsaktivitäten eingeplant werden – insbesondere, wenn sich das Zielbild durch eine Repositionierung deutlich vom Status quo unterscheidet.

7. Die Marke bildet einen Rahmen, in dem alle Berührungspunkte der Konsumenten mit dem Unternehmen wahrgenommen werden. Durch den Framing-Effekt beeinflusst die Marke, wie wir Produkte, Preise oder Werbebotschaften beurteilen. Sie stellt daher ein entscheidendes Differenzierungskriterium dar, das nicht einfach vom Wettbewerb kopiert werden kann. Sollten Sie sich noch nicht mit Ihrer Markenidentität auseinandergesetzt haben, ist dies in Vorbereitung auf die Positionierung empfehlenswert – beispielsweise durch die Erarbeitung eines Unternehmensleitbilds oder die Diskussion anhand eines Markenidentitätsmodells.

8. Legen Sie besonderes Augenmerk auf die Gestaltung von Schlüsselelementen wie dem Markennamen oder dem Claim. Diese vermitteln auf einen Blick, wofür Ihr Unternehmen steht, und legen den Grundstein für die Erwartungshaltung der Kunden an Ihre Marke. Besondere Vorsicht gilt bei der Umsetzung im internationalen Raum.

9. Schätzen Sie Ihre eigenen Wettbewerbsvorteile realistisch ein. Eine Positionierung wirkt nur authentisch, wenn Ihre Zielgruppe die beworbenen Vorteile auch im Produkt wiederfindet. Gestalten Sie daher Ihr Portfolio und Ihre Produkte passend zur Positionierung. Holen Sie sich im Zweifel Feedback von echten Kunden, da nicht automatisch der größte technische Vorteil das Positionierungsduell gewinnt.

10. Kreativität und Differenzierung sind Schlüssel der kommunikativen Positionierung – denken Sie dabei daran, dass jeder Kundentyp Ihre Botschaften anders wahrnimmt. Orientieren Sie sich beispielsweise am Profil Ihrer Zielgruppe in der Limbic® Map oder im Motivkompass. Um das gewünschte Markenwissen im Gedächtnis Ihrer Kunden zu verankern, sollten Sie sich auf eine zentrale, klare Kernbotschaft fokussieren.

Mit den Werkzeugen und Hinweisen dieses essentials sind Sie gut gerüstet, Ihre eigene Positionierung in Angriff zu nehmen oder gezielt nachzuschärfen. Für alle, die sich durch die Vielzahl der Entscheidungen vielleicht überfordert fühlen: Nur Mut! Eine Position haben Sie aus Sicht Ihrer Kunden so oder so – nutzen Sie daher die Chance, diese aktiv und authentisch zu gestalten. Ich wünsche Ihnen alles Gute und viel Erfolg dabei!

Was Sie aus diesem *essential* mitnehmen können

- Welchen Beitrag die Positionierung für den Aufbau einer starken Marke leistet – und wie sie dadurch zum Wert des Unternehmens beiträgt
- Ein grundlegendes Verständnis über die Positionierung, ihren Ablauf und ihre Einordnung in die Unternehmens- und Markenstrategie
- Das Verständnis, welche Methoden und Positionierungsmodelle für verschiedene Anwendungszwecke geeignet sind
- Welche grundsätzlichen Positionierungsstrategien es gibt und welche Chancen und Herausforderungen sie mit sich bringen
- Wie Sie durch gezielte Entscheidungen innerhalb der 4P zu einer ganzheitlichen Markenpositionierung beitragen

© Der/die Herausgeber bzw. der/die Autor(en), exklusiv lizenziert durch Springer Fachmedien Wiesbaden GmbH, ein Teil von Springer Nature 2020
B. Kallweit, *Ganzheitliche Markenpositionierung,* essentials,
https://doi.org/10.1007/978-3-658-32510-7

Literatur

Aaker, D. (1991). *Managing Brand Equity*. New York: The Free Press.

Aaker, D. (1992). The Value of Brand Equity. *Journal of Business Strategy* 13(4), 27–32.

Aaker, D., & Joachimsthaler, E. (2000). The Brand Relationship Spectrum: The Key to the Brand Architecture Challenge. *California Management Review* 42(4), 8–23.

Aaker, D., & Joachimsthaler, E. (2009). *Brand Leadership*. London: Simon & Schuster UK Ltd.

Aaker, D., & Shansby, J. (1982). Positioning Your Product. *Business Horizons* 25(3), 56–62.

Aaker, D., Stahl, F., & Stöckle, F. (2015). *Marken erfolgreich gestalten. Die 20 wichtigsten Grundsätze der Markenführung*. Wiesbaden: Springer Gabler.

Albers, S. (2007). Optimale Auswahl von Produkteigenschaften. In S. Albers, & A. Herrmann (Hrsg.), *Handbuch Produktmanagement: Strategieentwicklung – Produktplanung – Organisation – Kontrolle* (3. Aufl., S. 363–394). Wiesbaden: Gabler.

Ansoff, H. (1957). Strategies for Diversification. *Harvard Business Review* 35(5), 113–124.

Arnott, D. (1993). *Positioning: redefining the concept*. Research Paper No. 81, Warwick: Warwick Business School.

Backhaus, K., & Voeth, M. (2010). *Industriegütermarketing: Grundlagen des Business-to-Business-Marketings* (10. Aufl.). München: Vahlen.

Barth, B., Flaig, B., Schäuble, N., & Tautscher, M. (Hrsg.), (2018). *Praxis der Sinus-Milieus. Gegenwart und Zukunft eines modernen Gesellschafts- und Zielgruppenmodells*. Wiesbaden: Springer VS.

Bausback, N. (2007). *Positionierung von Business-to-Business Marken: Konzeption und empirische Analyse zur Rolle von Rationalität und Emotionalität*. Wiesbaden: Gabler (DUV).

Bentele, G., Buchele, M.-S., Hoepfner, J., & Liebert, T. (2009). *Markenwert und Markenwertermittlung. Eine systematische Modelluntersuchung und -bewertung* (3. Aufl.). Wiesbaden: Gabler.

Berthon, P., Ewing, M. T., & Napoli, J. (2008). Brand Management in Small to Medium-Sized Enterprises. *Journal of Small Business Management* 46(1), 27–45.

Boch, S. (2013). Bestimmung des Repositionierungsspielraums von Marken: Markenführung mit Hilfe neuroökonomischer Forschungserkenntnisse. In C. Burmann, & M.

© Der/die Herausgeber bzw. der/die Autor(en), exklusiv lizenziert durch Springer Fachmedien Wiesbaden GmbH, ein Teil von Springer Nature 2020
B. Kallweit, *Ganzheitliche Markenpositionierung*, essentials,
https://doi.org/10.1007/978-3-658-32510-7

Kirchgeorg (Hrsg.), *Innovatives Markenmanagement* (Bd. 42). Wiesbaden: Springer Gabler.

Böhler, H. (1977). *Methoden und Modelle der Marktsegmentierung.* Stuttgart: Kohlhammer.

Böhringer, J., Bühler, P., Schlaich, P., & Sinner, D. (2014). *Kompendium der Mediengestaltung für Digital- und Printmedien* (6. Aufl.). Heidelberg: Springer.

Bruce, A., & Jeromin, C. (2016). *Agile Markenführung: Wie Sie Ihre Marke stark machen für dynamische Märkte.* Wiesbaden: Springer Gabler.

Bruhn, M. (2014). *Unternehmens- und Marketingkommunikation: Handbuch für ein integriertes Kommunikationsmanagement* (3. Aufl.). München: Vahlen.

Bundelman, K., & Kim, Y. (2019). *Brand Identity Essentials: 100 Principles for Building Brands.* Beverly: Rockport.

Burmann, C., Halaszovich, T., Schade, M., & Hemmann, F. (2015). *Identitätsbasierte Markenführung: Grundlagen – Strategie – Umsetzung – Controlling* (2. Aufl.). Wiesbaden: Springer Gabler.

Der Bundesverband Direktvertrieb (2020). *Tupperware.de.* https://www.tupperware.de/de-de/uber-tupperware/der-bundesverband-direktvertrieb/. Zugegriffen: 16. September 2020.

Diez, W. (2015). *Automobil-Marketing: Erfolgreiche Strategien, praxisorientierte Konzepte, effektive Instrumente* (6. Aufl.). München: Vahlen.

Dillerup, R., & Stoi, R. (2016). *Unternehmensführung – Management & Leadership: Strategien – Werkzeuge – Praxis* (5. Aufl.). München: Vahlen.

Duden (o. J.). *Sedcard.* https://www.duden.de/rechtschreibung/Sedcard. Zugegriffen: 30. August 2020.

Eilert, D. (2016). Welche emotionale Energie leitet uns? Der Motivkompass: Ein Tauchgang zu den Hintergründen. *Praxis Kommunikation,* 4, 60–62.

Esch, F.-R. (2005). Markenpositionierung als Grundlage der Markenführung. In F.-R. Esch (Hrsg.), *Moderne Markenführung: Grundlagen, Innovative Ansätze, Praktische Umsetzungen* (4. Aufl., S. 132–163). Wiesbaden: Gabler.

Esch, F.-R., & Bräutigam, S. (2005). Analyse und Gestaltung komplexer Markenarchitekturen. In F.-R. Esch (Hrsg.), *Moderne Markenführung: Grundlagen, Innovative Ansätze, Praktische Umsetzungen* (4. Aufl., S. 839–861). Wiesbaden: Gabler.

Esch, F.-R., & Langner, T. (2005). Branding als Grundlage zum Markenaufbau. In F.-R. Esch (Hrsg.), *Moderne Markenführung: Grundlagen, Innovative Ansätze, Praktische Umsetzungen* (4. Aufl., S. 474–586). Wiesbaden: Gabler.

Esch, F.-R., Langner, T., & Rempel, J. E. (2005). Ansätze zur Erfassung und Entwicklung der Markenidentität. In F.-R. Esch (Hrsg.), *Moderne Markenführung. Grundlagen, Innovative Ansätze, Praktische Umsetzungen* (4. Aufl., S. 104–129). Wiesbaden: Gabler.

Feddersen, C. (2010). *Repositionierung von Marken: Ein agentenbasiertes Simulationsmodell zur Prognose der Wirkungen von Repositionierungsstrategien.* Wiesbaden: Gabler.

Feige, A. (2007). *BrandFuture: Praktisches Markenwissen für die Marktführer von morgen.* Zürich: Orell Füssli.

Felser, G. (2015). *Werbe- und Konsumentenpsychologie* (4. Aufl.). Heidelberg: Springer.

Flaig, B., & Barth, B. (2018). Hoher Nutzwert und vielfältige Anwendung: Entstehung und Entfaltung des Informationssystems Sinus-Milieus. In B. Barth, B. B. Flaig, N.

Schäuble. & M. Tautscher (Hrsg.), *Praxis der Sinus-Milieus. Gegenwart und Zukunft eines modernen Gesellschafts- und Zielgruppenmodells* (S. 3–22). Wiesbaden: Springer VS.

Freter, H. (2008). *Markt- und Kundensegmentierung: Kundenorientierte Markterfassung und -bearbeitung* (2. Aufl.). Stuttgart: Kohlhammer.

Gregori, C. (2006). *Instrumente einer erfolgreichen Kundenorientierung: Eine empirische Untersuchung.* Wiesbaden: Gabler Edition Wissenschaft (DUV).

Großklaus, R. (2015). *Positionierung und USP: Wie Sie eine Alleinstellung für Ihre Produkte finden und umsetzen* (2. Aufl.). Wiesbaden: Springer Gabler.

Hars, W. (2009). *Wer trinkt die wächserne Kaulquappe? Mythen, Märchen, Missgeschicke aus der Welt der Werbung.* Reinbek bei Hamburg: Rowohlt.

Häusel, H.-G. (2009). *Emotional Boosting. Die hohe Kunst der Kaufverführung.* Planegg: Haufe.

Häusel, H.-G. (2019). *Think Limbic! Die Macht des Unbewussten nutzen für Management und Verkauf* (6. Aufl.). Freiburg: Haufe.

Häusel, H.-G., & Henzler, H. (2018). *Buyer Personas: Wie man seine Zielgruppe erkennt und begeistert.* Freiburg: Haufe.

Heupel, T., Barsch, T., Niesar, T., & Yesilkaya, V. (2019). Vom konventionellen Strategischen Management zur Blue Ocean Strategy. Vorstellung, Vergleich und Anwendung strategischer Grundoptionen. In T. Barsch, T. Heupel & H. Trautmann (Hrsg.), *Die Blue-Ocean-Strategie in Theorie und Praxis. Diskurs und 16 Beispiele erfolgreicher Anwendung* (S. 3–29). Wiesbaden: Springer Gabler.

Hirzel, M., Zub, H., & Dimler, N. (Hrsg.), (2016). *Strategische Positionierung. Geschäfts- und Servicebereiche auf Kundenbedarf fokussieren.* Wiesbaden: Springer Gabler.

Höllbacher, T. (2016). Strategische Positionierung im Ausland – ein Projekt. In M. Hirzel, H. Zub, & N. Dimler (Hrsg.), *Strategische Positionierung – Geschäfts- und Servicebereiche auf Kundenbedarf fokussieren* (S. 165–183). Wiesbaden: Springer Gabler.

Husemann-Kopetzky, M. (2020). *Preispsychologie. In vier Schritten zur optimierten Preisgestaltung* (2. Aufl.). Wiesbaden: Springer Gabler.

Interbrand Methodology (2020). Methodology. https://www.interbrand.com/best-brands/best-global-brands/methodology. Zugegriffen: 19. September 2020.

Jung, C. G. (1921). Psychologische Typen. In C. G. Jung (1960), *Gesammelte Werke* (Bd. 6). Zürich: Rascher.

Kahneman, D. (2011). *Thinking, Fast and Slow.* London: Penguin.

Kalka, R. (2020). Preispositionierung und Preiskommunikation. In R. Kalka, & A. Krämer (Hrsg.), *Preiskommunikation: Strategische Herausforderungen und innovative Anwendungsfelder* (S. 53–71). Wiesbaden: Springer Gabler.

Kalka, R., & Krämer, A. (Hrsg.), (2020). *Preiskommunikation: Strategische Herausforderungen und innovative Anwendungsfelder.* Wiesbaden: Springer Gabler.

Kapferer, J.-N. (2012). *The New Strategic Brand Management* (5. Aufl.). London: Kogan Page.

Keller, K. L. (1993). Conceptualizing, Measuring, and Managing Customer-Based Brand Equity. *Journal of Marketing* 57(1), 1–22.

Keller, K. L. (2005). Strategic Brand Management Process. In F.-R. Esch (Hrsg.), *Moderne Markenführung: Grundlagen, Innovative Ansätze, Praktische Umsetzungen* (4. Aufl., S. 84–101). Wiesbaden: Gabler.

Keller, K. L., & Lehmann, D. R. (2006). Brands and Branding: Research Findings and Future Priorities. *Marketing Science* 25(6), 740–759.

Kerin, R. A., Sethuraman, R. (1998). Exploring the brand value-shareholder value nexus for consumer goods companies. *Journal of the Academy of Marketing Science* 26, 260.

Kim, W. C., & Mauborgne, R. (2015). *Blue Ocean Strategy: How to Create Uncontested Market Space and Make the Competition Irrelevant* (Erweiterte Aufl.). Boston: Harvard Business Review Press.

Kotler, P., Brown, L., Adam, S., Burton, S., & Armstrong, G. (2007). *Marketing.* French Forest: Pearson Education.

Krechel-Mohr, K.-J. (2016). Schaffung von Akzeptanz bei der Strategieentwicklung. In M. Hirzel, H. Zub, & N. Dimler (Hrsg.), *Strategische Positionierung. Geschäfts- und Servicebereiche auf Kundenbedarf fokussieren* (S. 195–207). Wiesbaden: Springer Gabler.

Kreienkamp, E. (2009). *Gender-Marketing: Impulse für Marktforschung, Produkte, Werbung und Personalentwicklung.* München: Mi-Wirtschaftsbuch.

Mark, M., & Pearson, C. S. (2001). *The Hero and The Outlaw: Building Extraordinary Brands Through the Power of Archetypes.* New York: McGraw-Hill.

Matzler, K., & Hinterhuber, H. (1998). How to make product development projects more successful by integrating Kano's model of customer satisfaction into quality function deployment. *Technovation* 18(1), 25–38.

McGhie, A. (2012). *BRAND is a four letter word: Positioning and The Real Art of Marketing.* Charleston: Advantage.

Meffert, H., Burmann, C., & Kirchgeorg, M. (2008). *Marketing. Grundlagen marktorientierter Unternehmensführung. Konzepte – Instrumente – Praxisbeispiele* (10. Aufl.). Wiesbaden: Gabler.

Narver, J. C., & Slater, S. F. (1990). The Effect of a Market Orientation on Business Profitability. *Journal of Marketing* 54(4), 20–35.

Neumeier, M. (2007). *ZAG: The Number-one Strategy of High-performance Brands.* Berkeley: New Riders.

Pätzmann, J. U., & Busch, A. (2019). *Storytelling mit Archetypen: Video-Geschichten für das Content Marketing selbst entwickeln.* Wiesbaden: Springer Gabler.

Pätzmann, J. U., & Hartwig, J. (2018). *Markenführung mit Archetypen: Von Helden und Zerstörern: ein neues archetypisches Modell für das Markenmanagement.* Wiesbaden: Springer Gabler.

Pepels, W. (Hrsg.), (2007). *Marktsegmentierung: Erfolgsnischen finden und besetzen* (2. Aufl.). Düsseldorf: symposion.

Porter, M. E. (2006). Leader as Strategist: Create a unique position. *Leadership excellence* 23(6), 6–7.

Porter, M. E. (2008). The five competitive forces that shape strategy. *Harvard Business Review* 86(1), 78–93.

Porter, M. E. (2013). *Wettbewerbsstrategie (Competitive Strategy): Methoden zur Analyse von Branchen und Konkurrenten* (12. Aufl.). Frankfurt a. M.: Campus.

Porter, M. E. (2014). *Wettbewerbsvorteile (Competitive Advantage): Spitzenleistungen erreichen und behaupten* (8. Aufl.). Frankfurt a. M.: Campus.

Pykzak, T. (2017). *Tell me! Wie Sie mit Storytelling überzeugen*. Bonn: Rheinwerk.

Raab, G., Gernsheimer, O., & Schindler, M. (2009). *Neuromarketing. Grundlagen – Erkenntnisse – Anwendungen*. Wiesbaden: Gabler.

Radtke, B. (2014). *Markenidentitätsmodelle. Analyse und Bewertung von Ansätzen zur Erfassung der Markenidentität*. Wiesbaden: Springer Gabler.

Recke, T. (2011). Die Bestimmung der Repositionierungsintensität von Marken: Ein entscheidungsunterstützendes Modell auf Basis von semantischen Netzen. In C. Burmann, & M. Kirchgeorg (Hrsg.), *Innovatives Markenmanagement* (Bd. 27). Wiesbaden: Gabler.

Reeves, R. (2017). *Reality in Advertising*. Raleigh: LuLu.com

Riedl, J., & Eggers, B. (2013). Die empirische Positionierungsstudie auf Basis von Realmarkenbeurteilungen: Ein Beispiel aus dem Markt für Sportswear. In G. Hofbauer, A. Pattloch, & M. Stumpf (Hrsg.), *Marketing in Forschung und Praxis* (S. 549–573). Berlin: uni-edition.

Riedl, J., & Wengler, S. (2018). *Biohandel in Deutschland 2018: Empirische Fakten aus Konsumentensicht – Händlerpositionierung – Strategie*. Weidenberg: Access Marketing Management e. V.

Ries, A., & Trout, J. (1969). Positioning is a game people play in today's me-too market place. *Industrial Marketing* 54(6), 51–55.

Ries, A., & Trout, J. (2012). *Positioning: Wie Marken und Unternehmen in übersättigten Märkten überleben*. München: Vahlen.

Rixecker, K. (2020). Super Bowl 2020: Das waren die besten Werbespots der Tech-Branche. t3n online. https://t3n.de/news/super-bowl-2020-waren-besten-1248834. Zugegriffen: 18. September 2020.

Roosdorp, A. (1998). Positionierungspflege: Phänomen, Herausforderungen und Konzept. In *Dissertationen Universität St. Gallen* (Bd. 2172). St. Gallen.

Rothschild, M. L. (1987). *Marketing Communications: From Fundamentals to Strategy*. Lexington: D. C. Heath & Co.

Rudolph, H.-J., Soppa, T., Dahlems, C., & Meurle, J. (2013). Fahrzeugkonzept. In H.-J. Rudolph (Hrsg.), *Q3 – Entwicklung und Technik* (S. 16–23). Wiesbaden: Springer Vieweg.

Rüdrich, G., & Karcher, B. (2016). Businessplan als Voraussetzung für Produktstarts. In M. Hirzel, H. Zub, & N. Dimler (Hrsg.), *Strategische Positionierung: Geschäfts- und Servicebereiche auf Kundenbedarf fokussieren* (S. 239–250). Wiesbaden: Springer Gabler.

Sawtschenko, P. (2012). *Positionierung: Das erfolgreichste Marketing auf unserem Planeten* (5. Aufl.). Offenbach: Gabal.

Schätzle, A. (2016). Persona-Entwicklung Step by Step. *PAGE*, 11, 90–94.

Scheier, C., & Held, D. (2006). *Wie Werbung wirkt: Erkenntnisse des Neuromarketing*. Planegg/München: Haufe.

Scheier, C., & Held, D. (2012). *Was Marken erfolgreich macht: Neuropsychologie in der Markenführung* (3. Aufl.). Freiburg München: Haufe.

Schmidt, H. J. (2015). *Markenführung*. Wiesbaden: Springer Gabler.

Schneider, M. (2015). *Welche Marke steckt dahinter? Über 300 topaktuelle No-Name-Produkte und ihre prominenten Hersteller* (4. Aufl.). München: Südwest.

Schneider, P. (2019). Wie Autobauer beim Super Bowl ihre Zielgruppe finden. WirtschaftsWoche. https://www.wiwo.de/unternehmen/auto/brand-index-wie-autobauer-beim-super-bowl-ihre-zielgruppe-finden/23966308.html. Zugegriffen: 18. September 2020.

Schröter, R. (2020). Audi nutzt Super Bowl für Strategieschwenk. W&V. https://www.wuv.de/marketing/audi_nutzt_super_bowl_fuer_strategieschwenk. Zugegriffen: 18. September 2020.

SIGMA (2020). SIGMA Milieus ® für Deutschland. Sigma-online.de. https://www.sigma-online.com/de/SIGMA_Milieus/SIGMA_Milieus_in_Germany/. Zugegriffen: 30. August 2020.

Simon, H., & Fassnacht, M. (2016). *Preismanagement. Strategie – Analyse – Entscheidung – Umsetzung* (4. Aufl.). Wiesbaden: Springer Gabler.

Simon, H., & Janssen, V. (2005). Preis als multifunktionales Instrument der Markenführung. In F.-R. Esch (Hrsg.), *Moderne Markenführung: Grundlagen, Innovative Ansätze, Praktische Umsetzungen* (4. Aufl., S. 1382–1392). Wiesbaden: Gabler.

Simon, C. J., & Sullivan, M. W. (1993). The Measurement and Determinants of Brand Equity: A financial Approach. *Marketing Science* 12(1), 28–52.

Sinek, S. (2011). Start with Why: *How great leaders inspire everyone to take action*. New York: Penguin.

Sinek, S., Docker, P., & Meat, D. (2019). *Finde dein Warum: Der praktische Wegweiser zu deiner wahren Bestimmung* (3. Aufl.). München: Redline.

Spary, S. (2019). Adidas: we overlooked traditional media's ability to drive ecommerce sales. Campaign. https://www.campaignlive.co.uk/article/adidas-overlooked-traditional-medias-ability-drive-ecommerce-sales/1662365. Zugegriffen: 19. September 2020.

Strebinger, A. (2010). *Markenarchitektur: Strategien zwischen Einzel- und Dachmarke sowie lokaler und globaler Marke* (2. Aufl.). Wiesbaden: Gabler.

Tomczak, T., Kuß, A., & Reinecke, S. (2014). *Marketingplanung: Einführung in die marktorientierte Unternehmens- und Geschäftsfeldplanung* (7. Aufl.). Wiesbaden: Springer Gabler.

Trommsdorff, V. (Hrsg.), (1996). *Handelsforschung 1996/97: Positionierung des Handels*. Wiesbaden: Springer.

Trommsdorff, V. (2007). Produktpositionierung. In S. Albers, & A. Herrmann (Hrsg.), *Handbuch Produktmanagement: Strategieentwicklung – Produktplanung – Organisation – Kontrolle* (3. Aufl., S. 343–362). Wiesbaden: Gabler.

Trommsdorff, V., Umut, A., & Becker, J. (2004). Marken- und Produktpositionierung. In M. Bruhn (Hrsg.), *Handbuch Markenführung: Kompendium zum erfolgreichen Markenmanagement* (2. Aufl., Bd. 1, S. 541–570). Wiesbaden: Springer.

Ulbrich, N., & Leuz, F. (2020). *Workbook Leitbildentwicklung: Werte, Vision und Mission im Unternehmen gestalten und integrieren*. Freiburg: Haufe.

Urban, R., & Klein, T. (2016). *Erfolg durch Positionierung: Im Traumberuf Coach und Trainer auf dem Markt bestehen*. Paderborn: Junfermann.

Venter, K. (2020). Differenzierung durch Strategie, Leitbild und Unternehmenskultur. In D. Werther (Hrsg.), *Vision – Mission – Werte: Die Basis der Leitbild- und Strategieentwicklung* (2. Aufl., S. 48–66). Weinheim: Beltz.

W&V-Redaktion (2019). Brand-Marketing schlägt Performance-Marketing in der Umsatz-wirkung. W&V online. https://www.wuv.de/marketing/brand_marketing_schlaegt_performance_marketing_in_der_umsatzwirkung. Zugegriffen: 11. August 2020.

Walter, S. (2006). *Die Rolle der Werbeagentur im Markenführungsprozess.* Zürich: Gabler (DUV).

Watkins, A. (2019). *Hello, My Name Is Awesome* (2. Aufl.). Oakland: Berrett-Koehler.

Weissmann, A., Augsten, T., & Artmann, A. (2014). *Das Unternehmenscockpit: Erfolgreiches Navigieren in schwierigen Märkten* (2. Aufl.). Wiesbaden: Springer Gabler.

Werther, D. (Hrsg.), (2020). Vision – Mission – Werte: Die Basis der Leitbild- und Strategie-entwicklung (2. Aufl.). Weinheim: Beltz.

Wind, Y. J. (1988). Positioning Analysis and Strategy. *The Warton School Working Paper*, 88, Philadelphia: University of Pennsylvania.

Yoo, B., & Donthu, N. (2001). Developing and validating a multidimensional consumer-based brand equity scale. *Journal of Business Research* 52(1), 1–14.

Printed in the United States
By Bookmasters